普通高等教育经管类专业平台课精品教材

# 统计学原理学习指导

## （第二版）

主　编　刘雪峰
副主编　刘乃嘉　孙晓娟　俞佑依

中国轻工业出版社

**图书在版编目（CIP）数据**

统计学原理学习指导/刘雪峰主编．—2版．—北京：中国轻工业出版社，2024.1
普通高等教育“十三五”规划教材
ISBN 978－7－5184－1972－2

Ⅰ.①统… Ⅱ.①刘… Ⅲ.①统计学—高等学校—教学参考资料 Ⅳ.①C8

中国版本图书馆CIP数据核字（2019）第282649号

责任编辑：张文佳　　责任终审：劳国强　　封面设计：锋尚设计
版式设计：砚祥志远　　责任监印：张　可

出版发行：中国轻工业出版社（北京鲁谷东街5号，邮编：100040）
印　　刷：三河市万龙印装有限公司
经　　销：各地新华书店
版　　次：2024年1月第2版第3次印刷
开　　本：720×1000　1/16　印张：12.5
字　　数：280千字
书　　号：ISBN 978－7－5184－1972－2　定价：35.00元
邮购电话：010－85119873
发行电话：010－85119832　010－85119912
网　　址：http：//www.chlip.com.cn
Email：club@chlip.com.cn
如发现图书残缺请与我社邮购联系调换
232249J1C203ZBW

# 第二版前言

PREFACE

本书是为配合《统计学原理（第二版）》一书（俞海莲主编，中国轻工业出版社出版）而编写的学习指导书，自 2011 年出版至今受到了广大读者的厚爱，先后印刷了 7 次。由于该书使用时间过长，很多统计数据已经过时，并且在使用过程中，发现有些问题提法不太准确。各种类型题中，有些章节有重复问题出现。再有，给出的答案中，有不太准确的地方，等等。鉴于使用过本书的老师和学生们反馈的意见，我们对本书进行了修订。

修订过程中，没有改变本书的结构，对过时的资料进行了更改，尽量使用近年反映国民经济和社会发展的统计资料，对有些重复的内容进行了删减，更正了计算和答案中出现的一些错误。

本书由刘雪峰老师担任主编，刘乃嘉、孙晓娟、俞佑依担任副主编。各章的编写任务分工如下：刘雪峰编写第一章、第五章、第七章、第八章、第十章及各章简答题答案；刘乃嘉编写第二章、第三章、第六章、第九章及各章综合分析与计算答案；孙晓娟编写第四章、十套综合测试题及各章单选题、多选题答案；俞佑依编写填空题和判断题答案。

我们在编写过程中，虽然尽量避免疏漏和错误，但还会出现这样或那样的差错，敬请广大读者批评指正。在这里也由衷地感谢多年来使用和关心本书的老师、学生和同仁们。

编　者

2019 年 10 月

# 第一版前言

PREFACE

本书是为配合《统计学原理》一书（俞海莲、刘雪峰主编，中国轻工业出版社出版）而编写的学习指导书，本书既可以帮助教师驾驭学生的课堂学习，也可以帮助学生掌握《统计学原理》一书中的重点和难点并进行课后的练习训练，以期提高学生的学习兴趣及学习效果，培养学生的理解能力、判断能力、分析和运用所学知识的能力。

本书各章的主要内容包括：重点与难点解析；知识检测（包括：填空题、判断题、单项选择题、多项选择题、简答题）；综合分析与计算。每章练习题的答案在书的最后给出，同时还附有十套综合测试题，供学生进一步加深、巩固所学。

本书的特点：

（1）练习题完全根据教材的各知识点设计，覆盖面广、知识点全、表述准确。

（2）综合分析与计算的资料选择的都是最新的数据，题意与实际联系密切。

本书由俞海莲和刘雪峰任主编，季丽、陈岩、滕达任副主编。各章的编写任务分工如下：俞海莲（第二章、第三章、第四章、第六章、第十章、各章简答题答案）、刘雪峰（第一章、第五章、第七章、第八章、第九章、各章综合分析与计算题答案）、季丽（各章判断题答案）、陈岩（各章填空题答案）、滕达（各章选择题答案）。

由于时间仓促、水平有限，疏漏与错误在所难免，敬请读者批评指正。

编　者

2011 年 6 月

# 目 录 CONTENTS

# 第一章 总 论

## 重点与难点解析

### 一、统计的含义

现代统计的含义包括三个方面：统计工作、统计资料和统计学。

统计工作，即统计实践，是指利用科学的方法，搜集、整理、分析和提供关于社会经济现象的数据资料的工作过程。

统计资料，即统计信息，是指通过统计工作活动过程所取得的反映国民经济和社会现象及其过程的数据资料以及与之相联系的其他资料的总称。

统计学，即统计理论，是指研究如何搜集、整理、分析和预测社会经济现象以及自然现象统计资料的方法论科学。它是从统计实践中概括、提炼、总结出来的系统地论述统计理论和方法的科学。

统计工作、统计资料、统计学三者之间的关系：统计工作和统计资料的关系是过程和成果的关系，统计学和统计工作的关系则是统计理论与统计实践的关系。

### 二、统计学的研究对象及特点

社会经济统计学的研究对象是大量社会经济现象总体的数量方面，即研究社会经济现象总体的数量特征和数量关系。

统计学研究对象的特点是数量性、总体性、具体性和社会性。

### 三、统计学的研究方法和工作过程

常用的统计学的研究方法有大量观察法、统计分组法、综合指标法和统计推断法。

一项完整的统计工作，其步骤包括：统计设计、统计调查、统计整理和统计分析。

### 四、统计的职能

统计具有信息、咨询、监督三大职能。这三种职能相互联系、相辅相成。统计信息职能是统计的最基本功能，是统计咨询和统计监督职能能够发挥作用的保证，统计咨询和统计监督职能的强化又会反过来促进统计信息职能的优化。

## 五、统计学的基本概念

### （一）统计总体和总体单位

统计总体简称总体，是由客观存在的、在某一共同性质基础上结合起来的许多个别事物构成的总体。统计总体具有三个基本特征：大量性、同质性和差异性。构成总体的个别事物称为总体单位。

统计总体根据总体单位是否可以计量，分为有限总体和无限总体。有限总体是指一个统计总体中包含的单位数是有限的。无限总体是指统计总体中包含的单位数是无限的。

统计总体和总体单位的概念不是固定不变的。随着研究目的的改变，原来的总体有可能变为总体单位，原来的总体单位也有可能变为总体。

### （二）标志与统计指标

1. 标志

标志是说明总体单位属性或特征的名称。标志按其性质不同可分为品质标志和数量标志；标志按其变异情况可分为不变标志和可变标志。标志表现是指在标志名称之后所列示的属性或数值。

2. 统计指标

对于指标可以有两种不同的理解。一种认为指标是反映总体数量特征的概念或范畴。另一种认为指标是反映总体数量特征的概念、附带具体数值。统计指标具有数量性、综合性和具体性三个特点。

统计指标按其所反映的数量特点和内容的不同，可以分为数量指标和质量指标两类。凡是反映社会经济现象范围的广度、规模大小和数量多少的指标叫数量指标，它表示事物外延量的大小。反映现象本身质量、现象的强度、经营管理工作质量和经济效果等的统计指标称为质量指标，它表示事物的内涵量状况。

统计指标按其表现形式又可分为总量指标、相对指标和平均指标。总量指标又称为绝对数，也就是数量指标，反映总体的规模与水平。相对指标又称相对数，是两个有联系的指标之比。平均指标又称平均数，它反映总体各单位某一标志值的一般水平。

3. 统计指标与标志的区别和联系

两者的区别表现在：

（1）二者反映的对象不同。标志是反映总体单位特征的，而指标是反映统计总体特征的。

（2）二者的表现形式不同。在标志中，既有用数值表现的数量标志，也有用文字表现的品质标志；而指标都是用数值加以表现的。

两者的联系表现在：

（1）二者间存在汇总关系。指标值是对总体单位数量标志的标志值进行直接汇总或间接计算后得到的。

（2）二者之间存在变换关系。当研究目的发生变化时，原来的统计总体如果变成总体单位，则相对应的统计指标也就变为数量标志；反之亦然。

### （三）变异和变量

变异是指统计所研究的指标与标志，其具体表现在总体及总体单位之间是可变的、存有差异的；变量是指可变的统计指标和可变的数量标志。变量的具体取值称为变量值。

变量按变量值是否连续分为离散变量与连续变量。离散变量是指各个变量值之间只能以整数断开而不能表现为小数；连续变量的各个变量值是连续不断的，相邻两值之间可以作无限分割。

变量按性质的不同分为确定性变量和随机性变量。确定性变量是指若干起决定性作用的因素影响变量值的变动，致使该变量值沿着一定的方向呈上升或下降的变动；随机性变量是指变量值的变化受不确定因素的影响，变量值的变化无确定方向，偶然性较大。

### （四）统计指标体系

由若干个相互联系、相互补充的指标结合在一起形成的整体叫做指标体系。指标体系可分为两大类，即基本指标体系和专题指标体系。

## 知识检测

### 一、填空题

1. 统计一词包含________、________和________三种含义。

2. 统计学的研究对象是________________________________________。

3. 统计学研究对象的特点是________、________、________和________。

4. 统计总体具有________、________和________三个主要特点。

5. 标志是说明________特征的名称的，可分为________和________两种。

6. 性别是________标志，标志表现则具体为________或________。

7. 一件商品的价格在标志分类中属于________。

8. 统计指标是说明现象________________数量特征的概念或范畴。

9. 标志按其具体表现是否有差异，可分为________和________两种。

10. 变量就是________________，其数值表现称为________________。

11. 变量按其数值是否连续，可分为________和________两种，工厂数和商店数属于________，而产值、销售额属于________。

12. 凡是客观存在，并在某一相同性质基础上结合起来的许多个别事物的整体叫________，每个个别事物叫________。

13. 统计工作全过程分为四个阶段，即________、________、________和________。

14. 统计总体有________总体和________之分。

二、判断题

1. 人口普查中，某人“男性”是品质标志，“20 岁”是数量标志。(　)

2. 标志是不能用数值表示的，而指标都是可用数值表示的。(　)

3. 有些统计指标的数值是由总体单位的数量标志值汇总而来的。(　)

4. 品质标志表明单位属性方面的特征，其标志表现只能用文字来表现，所以品质标志不能转化为统计指标。(　)

5. 某个工商银行分理处的职工人数、贷款总额都是离散变量。(　)

6. 在研究某城市商业企业职工状况中，某商业企业的营业员人数是指标。(　)

7. 构成统计总体的各个单位，它们至少有一个标志是不变标志。(　)

8. 所有的标志和指标都可以用数值表示。(　)

9. 构成统计总体的每个单位，它们只能有一个标志。(　)

10. 某市某年社会商品零售额中，吃的占 15%，用的占 40%，穿的占 30%，其他占 15%，这些数字表明社会经济现象总体的规模和水平。(　)

11. 大量观察法就是对足够多数的总体进行观察的方法。(　)

12. 根据研究的不同，总体与总体单位的变换关系与指标的和标志的变换关系是一致的。(　)

13. 统计总体的特征可以概括为大量性、同质性和变异性。(　)

14. 统计一词包含统计工作、统计资料和统计指标等三种含义。(　)

15. 数量指标的表现形式是绝对数，质量指标的表现形式是相对数和平均数。(　)

三、单项选择题

1. 社会经济统计学的研究对象是（　）。

A. 抽象的数量关系

B. 社会经济现象的规律性

C. 社会经济现象的数量特征和数量关系

D. 社会经济统计认识过程的规律和方法

2. 某城市进行工业企业未安装设备普查，总体单位是（　）。

A. 工业企业全部未安装设备　　B. 工业企业每一台未安装设备

C. 每个工业企业的未安装设备　　D. 每一个工业企业

3. 几位学生的某门课成绩分别是 68 分、74 分、89 分和 91 分。那么，“成绩”是（　）。

A. 品质标志　　B. 数量标志　　C. 标志值　　D. 数量指标

4. 要了解100名学生的学习情况，则总体单位是（ ）。

A. 每一名学生　　B. 100名学生

C. 100名学生的学习成绩　　D. 每一名学生的学习成绩

5. 在全国人口普查中，下列哪一种说法是正确的？（ ）

A. 男性是品质标志　　B. 人的年龄是变量

C. 人口的平均寿命是数量标志　　D. 全国的人口是统计指标

6. 统计指标按所反映的数量特点不同，可分为数量指标和质量指标两种。其中，数量指标的表现形式是（ ）。

A. 绝对数　　B. 相对数　　C. 平均数　　D. 整数

7. 统计总体的基本特征是（ ）。

A. 同质性、数量性、变异性　　B. 具体性、数量性、综合性

C. 大量性、变异性、同质性　　D. 总体性、社会性、大量性

8. 某公司四个经营部，某月销售额分别为100万元、230万元、70万元和260万元。这些数字是（ ）。

A. 标志　　B. 变量　　C. 指标　　D. 变量值

9. 指标是说明总体特征的，标志是说明总体单位特征的，所以（ ）。

A. 标志和指标之间的关系是固定不变的

B. 标志和指标之间的关系是可以变化的

C. 标志和指标都是用数值表示的

D. 只有指标才可以用数值表示

10. 在全国人口普查中，总体单位是（ ）。

A. 每一户　　B. 每个人　　C. 每个地区的人　　D. 全国总人口

11. 对于一个统计总体来说，下面哪一说法正确？（ ）

A. 只能有一个标志　　B. 只能有一个指标

C. 可能有多个标志　　D. 可以有多个指标

12. 下列各项中，属于数量标志的是（ ）。

A. 性别　　B. 职称　　C. 年龄　　D. 健康状况

13. 总体和总体单位的关系是（ ）。

A. 总体由具有同一性质的单位构成

B. 总体是总体数量标志的总和

C. 总体仅由存在数量标志的单位构成

D. 二者是固定不变的

14. 了解某地区工业企业职工情况，下面哪个是统计指标？（ ）

A. 该地区每名职工的工资额　　B. 该地区职工的文化程度

C. 该地区职工的工资总额　　D. 该地区职工从事的工种

15. “统计”一词有三种含义，其中哪一项是基础？（ ）

A. 统计学　B. 统计工作　C. 统计方法　D. 统计资料

16. 变量是指（　）。

A. 标志或指标　B. 品质标志

C. 标志值　D. 可变的数量标志和指标

17. 属于数量指标的是（　）。

A. 投资效果系数　B. 劳动生产率　C. 人口密度　D. 国内生产总值

18. 标志是指（　）。

A. 总体单位的特征或属性的名称　B. 总体单位数量特征

C. 标志名称之后所表现的属性或数值　D. 总体单位所具有的特征

19. 性别、年龄这样的概念，可以用来（　）。

A. 表示个体的特征　B. 作为指标来使用

C. 表示总体的特征　D. 作为变量来使用

20. 对某市高等院校的科研所进行调查，统计总体是（　）。

A. 某市所有的高等院校　B. 某一高等院校的科研所

C. 某一高等院校　D. 某市所有高等院校科研所

21. 工业企业的设备台数、山地的海拔高度（　）。

A. 都是连续变量

B. 都是离散变量

C. 前者是离散变量，后者是连续变量

D. 前者是连续变量，后者是离散变量

22. 下列指标中，属于质量指标的是（　）。

A. 总成本　B. 总平均成本　C. 工资总额　D. 职工总数

23. 某市全部商店作为总体，每一个商店为总体单位，则该市全部商品零售总额是（　）。

A. 品质标志　B. 质量指标　C. 数量标志　D. 数量指标

24. 社会经济统计从何处入手认识和研究问题？（　）

A. 质量方面入手　B. 微观方面入手

C. 宏观方面入手　D. 数量方面入手

25. 产品合格率、废品率、工人劳动生产率、单位产品成本和利税额等 5 个指标，其中有几个属于质量指标？（　）

A. 4 个　B. 3 个　C. 2 个　D. 1 个

**四、多项选择题**

1. 下列各项中，哪些是质量指标？（　）

A. 工资总额　B. 单位产品成本　C. 出勤人数　D. 人口密度

E. 合格品率

2. 要了解某地区全部成年人口的就业情况，那么（　）。

A. 全部成年人口是研究的总体
B. 成年人口总数是统计指标
C. 成年人口就业率是统计标志
D. 反映个人特征的职业是数量指标
E. 某人职业是教师，这是标志表现

3. 总体单位是总体的基本组成单位，是标志的直接承担者。因此（ ）。
A. 在国有企业这个总体下，每个国有企业就是总体单位
B. 在工业总产值这个总体下，单位总产值就是总体单位
C. 在全国总人口这个总体下，一省总人口就是总体单位
D. 在全部固定资产这一总体下，每个固定资产的价值就是总体单位
E. 在全部产品这个总体下，每一个产品就是总体单位

4. 在全国人口普查中，（ ）。
A. 全国人口总数是统计总体　　B. 男性是品质标志表现
C. 人的年龄是变量　　D. 每一户是总体单位
E. 人口的平均年龄是统计指标

5. 下列各项中，哪些属于统计指标？（ ）
A. 我国 2019 年国内生产总值　　B. 某同学某学期的外语成绩
C. 某地区出生人口总数　　D. 某企业工人生产某种产品的人均产量
E. 某市工业劳动生产率

6. 下列变量中，属于离散变量的有（ ）。
A. 机床台数　B. 学生人数　C. 耕地面积　D. 粮食产量
E. 汽车产量

7. 下列各项中，属于品质标志的有（ ）。
A. 某企业职工人数　　B. 某企业工资总额
C. 企业所属行业　　D. 企业的经济类型
E. 企业的实有设备台数

8. 人们在使用“统计”一词时，一般有三种不同的含义，即（ ）。
A. 统计工作　B. 统计资料　C. 统计预测　D. 统计学
E. 统计分析

9. 下列各种数量特征，哪些是由数量指标反映的？（ ）
A. 规模　B. 工作总量　C. 强度　D. 水平
E. 密度

10. 变量是指可变化的量，变量的数值就是变量值，所以（ ）。
A. 所有数量标志和数量指标都是变量
B. 所有标志值和指标值都是变量
C. 学生的考试成绩是变量

D. 某职工工资 1 800 元，这 1 800 元是变量值

E. 变量不包括品质标志

11. 社会经济统计的特点，可以概括为（　）。

A. 总体性　B. 数量性　C. 同质性　D. 具体性

E. 社会性

12. 下列标志中，属于数量标志的有（　）。

A. 性别　B. 工种　C. 工资　D. 年龄

E. 民族

13. 指标与标志间存在着变换关系，是指（　）。

A. 在同一研究目的下，二者地位可互换

B. 指标有可能成为标志

C. 标志有可能成为指标

D. 在不同研究目的下，二者地位可互换

E. 任何情况下，二者地位都可以互换

14. 在说明和表现问题方面，其正确的定义是（　）。

A. 标志是说明总体单位特征的　B. 指标是说明总体特征的

C. 变异是可变标志与指标的差异　D. 变量是可变的数量标志和指标

E. 标志值是变量的数值表现

15. 下列各项中，属于连续变量的有（　）。

A. 厂房面积　B. 职工人数

C. 原材料消耗量　D. 设备台数

E. 产值

16. 统计总体的基本特征有（　）。

A. 客观性　B. 数量性　C. 大量性　D. 同质性

E. 差异性

**五、简答题**

1. 简述指标与标志的区别和联系。

2. 简述“统计”三种含义的关系。

3. 什么是统计总体？有何特征？何为有限总体和无限总体？

4. 举例说明统计总体和总体单位之间的关系。

5. 统计研究的基本方法有哪些？

6. 统计的基本职能有哪些内容？

7. 一个完整的统计工作过程通常包括哪几个步骤？

8. 什么是变异、变量、变量值？

9. 统计学的研究对象是什么？

10. 什么是连续变量和离散变量？

# 第二章 统计调查

## 重点与难点解析

### 一、统计调查的意义及基本要求

统计调查就是按照统计研究所预定的目的和要求，运用各种调查的组织形式和方法，有组织、有计划地向客观实际搜集资料的工作过程。它在整个统计研究中占有重要的地位，是对总体数量特征和数量关系进一步描述和推断分析的基础。资料的准确、完整、及时是统计调查的基本要求。

### 二、统计调查的种类

**（一）统计调查按组织形式可分为统计报表制度和专门调查两种**

统计报表制度是各企业、事业单位以原始记录为基础，按一定的表格形式和时间程序，自下而上地定期提供统计资料的一种调查方式。

专门调查是为了一定的目的，研究某些专门问题所组织的一种调查方式。专门调查包括普查、重点调查、典型调查、抽样调查等。

**（二）统计调查按调查对象包括的范围不同，分为全面调查和非全面调查**

全面调查就是对被调查对象的全部单位进行调查。全面统计报表和普查是全面调查。

非全面调查，就是对被调查对象的一部分单位进行调查。非全面调查有重点调查、典型调查和抽样调查。

**（三）统计调查按登记事物的连续性的不同，分为经常性调查和一次性调查**

经常性调查是对被调查对象在时间上的变化发展进行连续不断的登记，以取得这些事物在一段时期内发展过程的指标。

一次性调查是对被调查对象每隔一段时间进行不连续的一次性登记，以取得这些现象在一定时点状态上的指标。

### 三、收集资料的方法

**（一）直接观察法**

由调查人员亲自到现场对被调查对象进行直接点数和计量。直接观察法更多地用于农产品产量调查、家计调查等，它能保证搜集资料的准确性，但需要较多的人力、物力和时间。

**（二）报告法**

报告法是报告单位以各种原始记录和核算资料为依据，向有关单位提供统计资料的方法。

**（三）访问调查**

访问调查又称派员调查，它是调查者与被调查者通过面对面地交谈从而得到所需资料的调查方法。访问调查的方式有标准式访问和非标准式访问两种。

**（四）邮寄调查**

邮寄调查是通过邮寄或其他方式将调查问卷送至被调查者，由被调查者填写，然后将问卷寄回或投放到指定收集点的一种调查方法。

**（五）电话调查**

电话调查是调查人员利用电话与受访者进行语言交流，从而获得信息的一种调查方式。电话调查具有时效快、费用低等特点。

**（六）座谈会**

座谈会也称为集体访谈法，它是将一组受访者集中在调查现场，让他们对调查的主题发表意见，从而获取调查资料的一种方法。

**（七）个别深度访问**

深度访问是一次只有一名受访者参加的特殊的定性研究。“深访”这一术语也暗示着要不断深入受访者的思想当中，努力发掘他行为的真实动机的意思。

**（八）网上调查**

网上调查在20世纪90年代开始热门起来，发展也很迅速。

## 四、统计调查方案

**（一）确定调查目的**

**（二）确定调查对象和调查单位**

调查对象指需要进行调查的那个社会经济现象的总体。调查单位指需要对它的标志进行登记的那个总体单位，即需要进行登记的标志的承担者。

确定调查单位的同时，还要确定报告单位。报告单位就是向上级提交报表或调查表的单位。报告单位一般在行政上、经济上具有一定的独立性。调查单位和报告单位根据研究目的的不同，有时一致，有时不一致。

**（三）拟订调查项目和编制调查表**

调查项目是准备进行调查的内容，即对调查单位所需登记的标志和有关情况。

调查表就是将调查项目按一定顺序所排列的一种表格形式，它是统计调查的重要工具。调查表分为单一表和一览表两种。单一表是指在一张表上只登记一个调查单位的资料，可以容纳较多的项目。一览表是把许多单位的资料填写在一张表上，调查项目不能过多。

**（四）确定调查时间和时限**

调查时间是调查资料所属的时间，即所谓的客观时间。调查时限是进行调查工作的期限，包括搜集资料到报送资料的整个工作所需要的时间，即所谓主观时间。

**（五）编制调查的组织计划**

## 五、专门调查

**（一）普查**

普查是为了某种特定的目的而专门组织的一次性全面调查。用以搜集重要国情国力状况的全面资料，为政府制定规划、方针、政策提供依据。

普查时要注意：确定统一的普查的标准时点；确定普查登记的期限；统一规定普查项目。

**（二）重点调查**

重点调查是一种非全面调查，它是指从调查对象的全部范围内，只选择一部分客观存在的重点单位进行调查，借以了解总体的基本情况。

所谓重点单位是指在总体中具有举足轻重的那些单位，这些单位的单位数目可能不多，但就调查的标志值来说，它在总体中却占有较大的比重。

重点调查的主要特点是：投入少、调查速度快、所反映的主要情况或基本趋势比较准确。

**（三）典型调查**

典型调查也是专门组织的一种非全面调查，它是根据调查研究的目的和要求，在对总体进行全面分析的基础上，有意识地选择其中有代表性的典型单位进行深入细致的调查，借以认识事物的本质特征、因果关系和发展变化的趋势。

典型调查的方法有："解剖麻雀"的方法；"划类选典"的方法；"抓两头"的方法。

**（四）抽样调查**

抽样调查是按照随机原则从总体中抽取部分单位组成样本，对样本指标进行测定并据此对总体的数量特征进行估计或作出判断。其特点是：按照随机原则从总体中抽取样本单位，以样本指标即统计量为依据推断总体参数或检验总体的某种假设，抽样调查的误差可以事先计算并加以控制。

## 知识检测

**一、填空题**

1. 统计调查按组织形式分为________和________。

2. 统计调查按调查对象包括的范围不同分为________和________。

3. 专门调查包括________、________、________、________。

4. 统计报表按报送周期长短不同，可分为________报、________报、________报、________报、________报、________报。

5. 若要调查某地区工业企业职工的生活状况，调查对象是________，调查单位是________，填报单位是________。

6. 调查表有两种形式：________和________。

7. 调查对象就是在某项调查中需要调查研究的社会经济现象的________。

8. 统计调查的要求：________、________和________。

9. 调查单位是________的承担者，而填报单位则是________的单位。

10. 在统计调查的某项调查中，把所要登记的调查单位的特征，称为________。

11. 在统计调查中，整个调查工作的起止时间，称为________。

12. 抽样调查是按照________，从总体中抽选一部分单位进行观察，并根据这一部分单位的调查资料，从________推断总体指标的一种非全面调查。

13. 普查是根据统计的特定目的而专门组织的________全面调查。

14. 统计调查的________是保证统计资料质量的首要环节，是统计工作的生命线。

15. 一般来说，统计调查方案内容必须包括：调查的________、调查对象和________、调查项目和调查________、调查工作的________。

16. 统计报表是按照国家有关法规的规定，自________地统一布置，定期的自________地逐级提供统计资料的一种统计调查方式。

**二、判断题**

1. 统计调查的首要问题是确定调查表。(　)

2. 调查对象是调查项目的承担者。(　)

3. 全国人口普查中调查单位是全国每个家庭。(　)

4. 国有企业经济效益调查中调查单位与报告单位一致。(　)

5. 普查是专门组织的经常性全面调查。(　)

6. 确定标准时点可以使普查资料都反映同一时点的情况。(　)

7. 重点调查是为了说明总体数量的基本情况。(　)

8. 重点单位是指那些单位的个数在总体全部单位个数中占很大的比重。(　)

9. 普查与抽样调查是对立不相容的调查方式。(　)

10. 抽样调查是最科学的非全面调查。(　)

11. 从人们认识的过程来看，统计调查属于理性认识阶段。(　)

12. 全面调查只适用于有限总体，调查内容应限于反映国情国力的重要统计指标。（　）

13. 凡属反映一定时期内事物发展过程累积总量的指标，其资料都需要通过一次性调查来取得。（　）

14. 在工业企业生产设备普查中，每个企业既是调查单位，也是报告单位。（　）

15. 抽样调查主要用来搜集某些不能够或者不适宜用定期全面统计报表搜集的统计资料。（　）

16. 根据认识社会经济现象的需要，典型调查既可研究量的方面，也可研究质的方面；既可以进行非全面调查，也可以进行全面调查。（　）

17. 调查问卷的题目就是调查问卷的主题。（　）

18. 重点单位的选择是客观的，典型单位的选择是主观的。（　）

**三、单项选择题**

1. 专门调查中属于全面调查的是（　）。

A. 重点调查　　B. 典型调查　　C. 抽样调查　　D. 普查

2. 调查项目的承担者是（　）。

A. 调查对象　　B. 调查单位　　C. 填报单位　　D. 调查方案

3. 调查首钢、宝钢、鞍钢等几个大型钢厂的钢产量来了解我国钢产量基本情况，此方式属于（　）。

A. 普查　　B. 抽样调查　　C. 典型调查　　D. 重点调查

4. 为了了解工业企业期末在制品数量，调查人员去现场观察计数，这种收集资料的方法是（　）。

A. 采访法　　B. 询问法　　C. 直接观察法　　D. 报告法

5. 重点单位是指（　）。

A. 具有代表性的单位

B. 这些单位的个数在总体中占很大比重

C. 这些单位的标志总量占总体标志总量中的绝大部分

D. 这些单位在全局工作中处于重要地位

6. 抽样调查应遵守的原则是（　）。

A. 随意性原则　　B. 随机原则

C. 可比性原则　　D. 全面性原则

7. 在国有工业企业设备普查中，每一个国有工业企业是（　）。

A. 调查对象　　B. 调查单位　　C. 填报单位　　D. 调查项目

8. 非全面调查中最完善、最有科学根据的调查方式是（　）。

A. 重点调查　　B. 典型调查　　C. 抽样调查　　D. 统计报表

9. 区别重点调查和典型调查的标志是（　）。

A. 调查单位的数目不同　　B. 搜集资料的方法不同
C. 确定调查单位的标准不同　　D. 确定调查单位的目的不同

10. 城市职工家庭生活状况调查是（　）。
A. 普查　　B. 重点调查　　C. 典型调查　　D. 抽样调查

11. 人口普查规定统一的标准时点是为了（　）。
A. 避免登记的重复和遗漏　　B. 具体确定调查单位
C. 确定调查对象的范围　　D. 统计研究的目的和任务

12. 乡镇企业局为了总结先进生产管理经验，选择几个先进乡镇企业进行调查，这种调查属于（　）。
A. 抽样调查　　B. 典型调查　　C. 重点调查　　D. 普查

13. 统计调查中搜集的资料是（　）。
A. 次级资料、没有原始资料
B. 以次级资料为主、也有一些原始资料
C. 数字资料
D. 以数字资料为主、也有一些情况资料

14. 商场营业员填写的发票属于（　）。
A. 原始记录　　B. 统计台账　　C. 次级资料　　D. 统计报表

15. 某市工商银行要了解2019年第三季度全市储蓄金额的基本情况，调查了储蓄金额最高的几个支行，这种调查属于（　）。
A. 普查　　B. 重点调查　　C. 典型调查　　D. 抽样调查

**四、多项选择题**

1. 我国第七次人口普查的标准时点是2020年11月1日零时，下列情况应统计人口数的有（　）。
A. 2020年11月2日出生的婴儿　　B. 2020年10月31日出生的婴儿
C. 2020年10月31日死亡的人　　D. 2020年11月1日1时死亡的人
E. 2020年10月31日出生、11月1日6时死亡的人

2. 全国工业企业普查中（　）。
A. 全部工业企业数是调查单位
B. 全国每一个工业企业是填报单位
C. 全国每一个工业企业是调查单位
D. 工业企业的所有制关系是变量
E. 每个工业企业的职工人数是调查项目

3. 普查（　）。
A. 是专门调查　　B. 属于一次性调查
C. 属于全面调查　　D. 必须确定标准时点
E. 大多为对时点现象总量的调查

4. 下列情况的统计调查，哪些属于连续性调查（　）。
A. 商店的商品库存量
B. 运输部门的客运周转量
C. 企业发生的工伤事故次数
D. 学校年底的在校生人数
E. 某地区年出生人数
5. 乡镇企业抽样调查中，抽取的每一个乡镇企业是（　）。
A. 调查主体
B. 调查对象
C. 调查单位
D. 调查项目
E. 填报单位
6. 统计报表的特点是（　）。
A. 按统一表式和项目填报
B. 自上而下逐级填报
C. 自下而上统一布置
D. 便于完整和系统地积累资料
E. 按统一报送时间和报送程序填报
7. 在统计调查中各种调查方式的结合运用，主要是指（　）
A. 统计报表与典型调查相结合
B. 典型调查与抽样调查相结合
C. 重点调查与抽样调查相结合
D. 重点调查与典型调查相结合
E. 普查与抽样调查相结合
8. 统计调查方案的核心问题是（　）。
A. 确定调查对象和调查单位
B. 调查期限
C. 调查表
D. 单一表和一览表
E. 搜集资料的方法
9. 调查单位是（　）。
A. 调查中所要调查的具体单位
B. 负责向上级报告调查内容的单位
C. 调查项目的承担者
D. 需要调查的社会现象总体的每个单位
E. 所需调查的那些社会现象的总体
10. 报告单位是（　）。
A. 向上级提交报表的单位
B. 向上级提交调查表的单位
C. 向上级报告调查内容的单位
D. 调查标志的承担者
E. 所需登记调查内容的单位
11. 下面属于一次性调查的是（　）。
A. 2010 年全国第六次人口普查
B. 某省对全省农民 2009 年收入情况进行的调查
C. 某企业开展的广告信息反馈调查
D. 我国对大型企业产品的产量的调查
12. 统计调查（　）。
A. 是向客观实际搜集原始资料

B. 是统计工作的基础环节

C. 是统计工作中承前启后的阶段

D. 所取得的资料都是数字资料

E. 所取得的资料直接说明总体单位的特征

13. 统计机关在占全国城市人口一半以上的各大城市对农贸市场零售价格水平进行调查，这种调查是（　）。

A. 普查　　B. 典型调查　　C. 抽样调查　　D. 非全面调查

E. 一次性调查

14. 对某市高校情况进行调查，每一所学校是（　）

A. 调查对象　　B. 调查单位　　C. 调查项目　　D. 报告单位

E. 填报单位

15. 统计报表和普查（　）。

A. 同属全面调查

B. 都是经常性调查

C. 普查是一次性调查，统计报表既有经常性调查也有一次性调查

D. 可以相互代替

E. 两者的目的和作用不同，不能互相代替

**五、简答题**

1. 统计调查有哪些组织方式？

2. 以人口普查为例，试述普查的意义。

3. 试比较各种不同类型的非全面调查。

4. 结合我国目前的实际情况，试述抽样调查的作用。

5. 统计调查方案应包含哪些主要内容？

# 第三章 统计整理

## 重点与难点解析

### 一、统计分组的意义和方法

#### （一）统计分组的意义

统计分组是指根据事物内在的特点和统计研究的需要，将统计总体按照某个标志区分为若干组成部分的一种统计方法。统计分组是总体内进行的一种定性分类，它把总体划分为一个个性质不同的范围更小的总体。因此，统计分组兼有"分"和"合"两方面的意义，即对于总体而言，是"分"，它将总体分为性质不同的若干部分；而对总体单位而言，又是"合"，它将性质相同的许多单位组合为一个组。

科学的统计分组应遵循以下几项原则：

（1）必须坚持组内统计资料的同质性和组间统计资料的差异性，充分体现统计分组的"分"和"合"的两个方面的意义，这是统计分组的一个基本原则；

（2）必须符合完备性原则，即所谓"穷尽"性原则，保证每个总体单位都有属于自己所在的组，不能无组可居。

（3）必须遵守"互斥性"原则，即总体中的任何一个单位都只能归属于一个组，而不能同时属于两个或两个以上的组。

#### （二）统计分组的作用

1. 划分复杂现象的类型
2. 研究现象总体的内部构成
3. 分析现象之间的依存关系

#### （三）分组标志的选择

分组标志的选择是统计分组的关键。分组标志，即将同质总体区分为不同组的标准或依据。在选择分组标志时，应遵循以下原则：

1. 根据研究目的选择分组标志

即，要符合统计研究的目的和要求。

研究目的不同，分组所依据的标志也不同。研究总体某方面的特征，就应选择反映该方面的标志作为分组标志。

2. 选择反映事物本质区别的标志

一个事物有多方面的属性和特征，同一研究目的也可能有若干个相关标志可供分组时进行选择。分组时应选择最能说明事物本质差异的标志。

3. 根据经济发展变化及历史条件选择分组标志

随着生产力和生产关系的发展变化，被研究对象的特征也在不断变化，因而分组标志应该适应这种变化。

此外，在将调查资料与历史资料对比时，应注意可比性问题。尤其在改变分组标志时，必须注意选择与历史资料可比的分组标志。

### （四）统计分组的方法

1. 按标志的特征分组

由于总体单位的标志有品质标志和数量标志两种，因此，可以按品质标志和数量标志对总体进行分组。

2. 按标志的多少分组

根据分组标志的多少，可分为简单分组与复合分组并建立分组体系。简单分组是只用一个标志对总体进行分组；复合分组是对同一总体按两个或两个以上标志层叠进行的分组。统计分组体系是对某一总体运用多个不同标志进行分组形成的相互联系、相互补充的体系，具体分为平行分组体系和复合分组体系两种。

## 二、变量数列及其编制

### （一）变量数列

根据数量标志分组形成的分配数列称为变量分配数列，简称变量数列。变量数列又分为单项数列和组距数列两种。

1. 单项数列

单项数列是指以一个变量值为一组，按顺序排列而形成的分配数列。一般地，只有离散型变量在取值不多且变量值的变动范围不大时，才适合编制单项数列。

2. 组距数列

组距数列是组距式变量数列的简称。它是指按变量值的一定范围对现象总体进行分组所编制的变量数列。组距数列中的每个组不是用一个具体的变量值表示，而是用变量值的一定变动范围即各组标志值变动的区间范围来表示。

3. 组距数列中的基本概念

（1）组数，即分组的数目，是指将现象按某个标志划分为多少个组。

（2）组限，是每组的两端数值，表示各组的数量界限，包括上限和下限。其中每组的最大值为该组的上限，最小值为该组的下限。

（3）闭口组和开口组。上限和下限都齐全的组称为闭口组，上限或下限只有一个的组称为开口组。一般当资料中存在少数极大或极小变量值时，采用开口组可避免组数过多或组距过大的现象。

（4）组距。各组的组距表示各组上限与下限之差，是一组变量值的区间长度。组距又可分为等距和不等距两种。等距是各组保持相等的组距，也就是说各组标志值的变动都限于相同的范围，又称等距分组。不等距即各组组距不相等的分组，又称不等距分组或异距分组。

（5）组中值。组中值是上下限之间的中点数值，以代表各组标志值的一般水平。组中值并不是各组标志值的平均数，各组标志数的平均数在统计分组后很难计算出来，就常以组中值近似代替。组中值仅存在于组距式分组数列中，单项式分组中不存在组中值。

组中值的计算是有假定条件的，即假定各组标志值的变化是均匀的（与组距式分组的假定条件相同）。一般情况下：

$$组中值 = \frac{上限 + 下限}{2}$$

对于第一组是“多少以下”，最后一组是“多少以上”的开口组，组中值的计算可参照邻组的组距来决定。即：

$$缺下限开口组组中值 = 上限 - \frac{邻组组距}{2}$$

$$缺上限开口组组中值 = 下限 + \frac{邻组组距}{2}$$

### （二）变量数列的编制

对于品质数列来讲，如果分组标志选择得好，分组标准定得恰当，则事物性质的差异表现得就比较明确，总体中各组也容易划分。在编制品质数列时，只要按规定的分组标准将总体单位按组归类整理即可。品质数列一般来说比较稳定，通常能准确反映总体的分布特征。在这里我们只对变量分配数列的编制做以重点介绍。

1. 单项式数列的编制

在编制单项式数列时，一般首先将调查所得资料按照数值由小到大顺序排列；然后确定各组的变量值和组数，一般有多少个变量值就有多少组；最后汇总出各变量值出现的次数，编制单项式数列。

2. 组距数列的编制

将变量值按由小到大的顺序排列，以看出变量值变动的范围大小，并确定全距；确定组距与组数；确定组限及组限的表示方法；计算频数，编制变量数列。

## 三、统计表及其设计

统计表就是表现统计资料的一种基本形式，它分为广义上的统计表与狭义的统计表。广义的统计表泛指统计工作各个阶段以纵横交叉的线条所绘制成的用来表现统计资料的表格。狭义的统计表是专门用以表现经过整理的系统化的统计资料的表格。运用统计表来展示统计整理的结果能使大量的统计资料条理化、系统化，因而能更清晰地表述统计资料的内容，简明易懂，节省篇幅。

统计表从形式上看，由总标题、横行标题、纵栏标题和指标数四部分组成；从其内容上看，由两部分组成，一部分是主词；另一部分是宾词。设计统计表的要求是科学、实用、简明、美观。

## 知识检测

### 一、填空题

1. 统计整理是统计工作将反映________特征的原始资料转化为反映总体特征的基本过程之一，是________的前提。

2. 统计分组对总体而言是________，对个体而言是________。即通过统计分组使同一组内的各单位性质________，不同组的单位性质________。

3. 统计分组的关键在于________和________。

4. 统计分组按分组标志的属性和特征，可分为按________分组和按________分组；按选择分组标志多少的不同，可分为________分组和________分组。

5. 分布数列由________和________构成，其中表示各组单位数的次数又叫________。

6. 根据分组标志特征的不同，分布数列可分为________数列和________数列。

7. 变量数列有________数列和________数列两种。

8. 在组距数列中，组限有________和________之分，各组最大值称为________，最小值称为________，两者之间的距离称为________。整个数列的最大值与最小值之差又称为________。

9. 连续型变量，划分组限时相邻组的组限必须________；对于离散型变量，划分组限时相邻组的组限应该________。

10. 按品质标志分组形成的次数分布数列称为________，按数量标志分组后形成的次数分布数列称为________。

11. 区分简单分组和复合分组的依据是________________。

12. 统计表从形式上看，由________、________、________和________四部分构成；从内容上看，由________和________两部分构成。

### 二、判断题

1. 统计整理是对社会经济现象个体的观察到总体量的认识的连接点。（ ）

2. 统计分组实际上是通过分组保持组内统计资料的同质性，组间统计资料的差异性。（　）

3. 复合分组就是选择两个或两个以上的分组标志对同一总体进行的并列分组。（　）

4. 次数分配数列是将总体按数量标志分组所形成的数列。（　）

5. 不等距数列是指各组次数均不相等的变量数列。（　）

6. 在等距数列中，组距的大小与组数的多少成反比。（　）

7. 单项式变量数列一般在变量值不多，且变量值的变动范围不大，变量离散型的条件下采用。（　）

8. 用连续变量作分组标志时，相邻组的上、下限应重合。（　）

9. 区分简单分组与复合分组的依据是分组数目的多少。（　）

10. 将统计总体按品质标志分组的结果形成变量数列。（　）

11. 统计资料整理主要是对统计调查所搜集到的原始资料进行整理。（　）

12. 离散型变量可做单项式分组或组距式分组，而连续型变量只能做组距式分组。（　）

13. 在进行统计分组时，总体中的任何一个单位有可能同时归属于两个或两个以上的组。（　）

14. 单项数列的组数等于变量所包含的变量值的总数。（　）

15. 在确定组限时，最大组的上限应大于最大变量值。（　）

16. 统计表的主词是说明总体各种统计指标的。（　）

17. 复合设计可深入说明总体的特征，但如果分组标志过多，会造成宾词指标的栏数成倍增加。（　）

18. 所谓“上组限不在内”原则，是指当某单位的标志值恰好等于某组上限时，就把该单位归入该组内。（　）

**三、单项选择题**

1. 统计分组能够将（　）。

A. 总体中性质相同的单位划分开来　B. 性质不同的总体划分开来

C. 总体中性质不同的单位划分开来　D. 性质相同的总体归并在一起

2. 统计分组的关键是（　）。

A. 确定分组形式　B. 划分经济类型

C. 正确选择分组标志和划分各组界限　D. 确定组数与组距

3. 统计分组的依据是（　）。

A. 标志　B. 指标　C. 标志值　D. 变量值

4. 按分组标志特征不同，次数分配数列可以分为（　）。

A. 等距数列和异距数列　B. 品质数列和变量数列

C. 单项数列和组距数列　D. 动态数列和指数数列

5. 下列属于变量分配数列的是（　）。

A. 大学生按专业分组　　B. 电站按发电能力分组

C. 商业企业按经济类型分组　　D. 企业按国民经济部门分组

6. 将统计总体按某一标志分组的结果表现为（　）。

A. 组内同质性，组间差异性　　B. 组内差异性，组间同质性

C. 组内同质性，组间同质性　　D. 组内差异性，组间差异性

7. 将某管理局所属工业企业按“产值计划完成程度”分组编制分配数列，变量是（　）。

A. 工业企业总数　　B. 各组工业企业个数

C. 产值计划完成程度　　D. 各组的具体产值计划完成程度数值

8. 次数分布数列中的次数是指（　）。

A. 分组的数量标志　　B. 分组的组数

C. 分布在各组的总体单位数　　D. 组中值

9. 在分组时，凡遇到某单位的标志值正好等于相邻两组上下限数值时，一般将此单位（　）。

A. 归入下限所在组　　B. 归入上限所在组

C. 归入任何一组都可　　D. 重设一组

10. 在组距数列中，用组中值代表组内变量值的一般水平，是因为（　）。

A. 组内变量值是相等的　　B. 组中值比组平均数更具有代表性

C. 组中值和组平均数是一致的　　D. 不可能得到组平均数

11. 在全距一定的情况下，组距的大小与组数的多少成（　）。

A. 正比　　B. 反比

C. 无比例关系　　D. 有时成正比有时成反比

12. 某连续变量数列，其末组为开口组，下限为 500，已知邻组组中值为 480，则本组组中值为（　）。

A. 510　　B. 520　　C. 530　　D. 550

13. 不等距分组适宜于（　）。

A. 变量变动比较均匀的情况　　B. 变量变动不均匀的情况

C. 按一定比率变动的情况　　D. 一切变量

14. 对统计资料进行审核的逻辑检查和计算检查主要用于检查资料的（　）。

A. 准确性　　B. 完整性　　C. 系统性　　D. 及时性

15. 简单表与分组表的区别在于（　）。

A. 宾词是否分组　　B. 主词是否分组

C. 分组标志的多少　　D. 分组标志是否重叠

16. 简单分组与复合分组的区别在于（　）。

A. 总体的复杂程度不同　　B. 组数多少不同

C. 选择分组标志的性质不同　　D. 选择分组标志的数量不同

17. 填写统计表时，当发生某项不应有数字时，应用（　）符号表示。

A. 0　　B. —　　C. ×　　D. …

18. 由“开口组”变量数列计算组中值时，确定假设组限要根据（　）。

A. 全距的大小　　B. 邻组的组中值

C. 相邻组的组距　　D. 标志值得一般水平

## 四、多项选择题

1. 统计整理的基本步骤是（　）。

A. 设计和编制统计整理方案　　B. 对原始资料进行审核

C. 对原始资料进行统计分组　　D. 统计汇总

E. 编制统计图表

2. 在统计整理之前，对原始资料进行审核的主要内容有（　）。

A. 原始资料的社会性　　B. 原始资料的准确性

C. 原始资料的及时性　　D. 原始资料的系统性

E. 原始资料的完整性

3. 统计分组同时具备两个方面的含义（　）。

A. 对个体来讲是“分”　　B. 对个体来讲是“合”

C. 对总体来讲是“分”　　D. 对总体来讲是“合”

E. 无法确定“分”与“合”

4. 下列按品质标志分组的有（　）。

A. 人口按民族分组　　B. 企业按规模大、中、小型分组

C. 学生按考试成绩分组　　D. 工人按工龄分组

E. 产品按品种分组

5. 下列数列中属于按数量标志分组的有（　）。

A. 工厂按利润计划完成百分比分组　　B. 学生按健康状况分组

C. 工厂按产量分组　　D. 职工按工龄分组

E. 企业按隶属关系分组

6. 变量数列由两个要素构成，它们可以有以下名称（　）。

A. 各组组限　　B. 各组次数　　C. 各组频数　　D. 各组变量值

E. 各组总体单位数

7. 组距式分组适合于（　）。

A. 所有离散型变量

B. 连续变量

C. 离散变量且变量值的变动幅度较大

D. 离散变量且变量值的变动幅度很小

E. 一切变量

8. 按分组情况，统计表可分为（　）。

A. 简单表　B. 调查表　C. 简单分组表　D. 复合分组表

E. 分析表

9. 变量数列中（　）。

A. 各组频数大于0　B. 各组频数大于1

C. 各组频率之和等于1　D. 总次数一定时，频数与频率成正比

E. 总次数一定时，频数与频率成反比

10. 组距数列根据组距是否相等，可分为（　）。

A. 开口数列　B. 闭口数列　C. 等距数列　D. 异距数列

11. 统计汇总的组织形式有（　）。

A. 逐级汇总　B. 集中汇总　C. 手工汇总　D. 综合汇总

E. 电子计算机汇总

12. 统计表从内容上看，由（　）构成。

A. 总标题　B. 横行标题　C. 纵栏标题　D. 主词

E. 宾词

13. 某企业职工工资情况如下表，表中（　）

| 按月工资分组/元 | 组中值/元 | 职工人数/人 |
|---|---|---|
| 1 000 ~ 1 500 | 1 250 | 100 |
| 1 500 ~ 2 000 | 1 750 | 300 |
| 2 000 ~ 2 500 | 2 250 | 200 |
| 合计 | —— | 600 |

A. 变量是100、300、200

B. 变量是1 000、1 500、2 000、2 500

C. 变量是工资

D. 变量有三个

E. 组中值有三个

## 五、简答题

1. 什么是统计整理？统计整理有哪些内容？
2. 什么是统计分组？其作用是什么？
3. 选择分组标志应遵循的原则是什么？
4. 举例说明简单表、分组标和复合表。
5. 什么是分布数列？它有哪些种类？
6. 编制组距数列时如何确定组距、组数和组限？
7. 简述统计表的基本结构和分类。

## 综合分析与计算

1. 某管理局及其所属企业按生产计划完成程度进行如下四种分组：

| 第一种 | 第二种 | 第三种 | 第四种 |
|---|---|---|---|
| 100%以下 | 80%以下 | 90%以下 | 95%以下 |
| 100～110% | 80.1%～90% | 90%～100% | 95%～105% |
| 110%以上 | 90.1%～100% | 100%～110% | 105%～115% |
| | 100.1%以上 | 110%以上 | 115%以上 |

试指出上述几种分组中哪几组是错误的，为什么？

2. 某班组20名工人看管机器台数资料如下：2、5、4、2、4、3、4、4、2、4、3、4、5、3、4、4、2、4、3、2。根据该资料编制分布数列。

3. 某班40名学生统计学考试成绩如下：66　89　88　84　86　87　75　73　72　68　75　82　97　58　81　54　79　76　95　76　71　60　90　65　76　72　76　85　89　92　64　57　83　81　78　77　72　61　70　81。根据资料编制分布数列（提示：可分五组）。

4. 研究某城市两所大学的人员构成状况，甲大学共有教职工1 400人，其中男教工有800人，女教工有600人；男教工中：行政人员200人，教师450人，工人150人；女教工中：行政人员160人，教师320人，工人120人。乙大学共有教职工1 200人，其中男教工550人，女教工650人；男教工中：行政人员120人，教师350人，工人80人；女教工中：行政人员150人，教师400人，工人100人。根据上述资料编制复合分组表。

5. 某年某工业公司所属企业的有关资料如下表所示：

| 所属企业 | 工人数/人 | 实际产值/万元 | 计划完成程度/% |
|---|---|---|---|
| 一厂 | 340 | 2 800 | 100 |
| 二厂 | 510 | 4 000 | 103 |
| 三厂 | 620 | 4 000 | 90 |
| 四厂 | 790 | 9 000 | 110 |
| 五厂 | 840 | 7 000 | 90 |
| 六厂 | 1 100 | 13 000 | 119 |
| 七厂 | 100 | 800 | 104 |
| 八厂 | 140 | 1 000 | 102 |
| 九厂 | 200 | 1 700 | 98 |

试将以上资料按计划完成程度分组，并汇总各组企业数、工人数、实际产值，将整理结果编制一张统计表。（提示：可分三组，组距 10%）

6. 某企业某年 40 名工人的业务考核成绩分布如下表所示：

| 成绩/分 | 人数 | 频率/% | 向上累计 | | 向下累计 | |
|---|---|---|---|---|---|---|
| | | | 人数 | 频率/% | 人数 | 频率/% |
| 60 以下 | 2 | | | | | |
| 60 ~ 70 | 7 | | | | | |
| 70 ~ 80 | 11 | | | | | |
| 80 ~ 90 | 12 | | | | | |
| 90 以上 | 8 | | | | | |
| 合　计 | 40 | | | | | |

要求：根据表中资料，计算相应数字填入表中，并说明各指标的意义。

7. 某地区 20 家企业某年的销售利润额分布状况如下表所示：

| 销售利润额/万元 | 企业数 |
|---|---|
| 400~500 | 2 |
| 500~600 | 4 |
| 600~700 | 6 |
| 700~800 | 5 |
| 800 以上 | 3 |
| 合　计 | 20 |

根据表中资料指出：

（1）表中变量数列属于哪一种数列。

（2）表中的变量、变量值、上限、下限、频数。

（3）计算组距、组中值、频率。

# 第四章 总量指标与相对指标

## 重点与难点解析

### 一、总量指标的意义

总量指标是说明社会经济现象总体在一定的时间、地点条件下的总规模、总水平或工作总量的统计指标。总量指标用绝对数形式表示，因此也称为绝对指标，它是最基本的统计数据。总量指标数值的大小受总体范围的制约。总体范围大，指标数值就大；总体范围小，指标数值就小。只有有限总体才能计算总量指标，社会经济统计调查研究的对象主要是有限总体。因此，在社会经济统计中计算总量指标有重要的意义。

### 二、总量指标的种类

**（一）按其反映现象总体内容的不同，分为总体单位总量和总体标志总量**

总体单位总量是用来反映统计总体内包含总体单位个数多少的总量指标，它用来表明统计总体的容量大小。

总体标志总量是统计总体各单位某一数量标志值的总和。一个已经确定的统计总体，其总体单位总量是唯一确定的，而总体标志总量却不止一个。

总体单位总量和总体标志总量并不是固定不变的，而是随着研究目的的不同而变化的。

**（二）按其反映现象总体时间性质的不同，分为时期指标和时点指标**

时期指标是反映社会经济现象在一段时间上发展变化结果的总量。时点指标是反映社会经济现象在某一时刻或某一时点状态上的总量。

时期指标和时点指标各有不同的特点。

第一，时期指标的数值可以连续计数，它的每一个数据都可以说明社会经济现象在这一时期内发生发展的总量，而时点指标则只能间断计数，它的每个数据都表明社会经济现象总体发生发展到某一时点上所达的水平。

第二，作为时期指标，各个时期的数值是可以累计相加的，累加的结果可以说明更长一段时间内社会经济现象总体所发生的总量，而时点指标的数值直接相加在一般的情况下没有实际意义。

第三，一般地说，时期指标的大小直接受社会经济现象总体活动过程时间长短的制约，其数值大小与时间长短成正比，而时点指标的指标数值大小与时点的间隔长短没有直接关系。时点之间间隔越长，社会经济现象总体水平却不一定越大。

## 三、总量指标的计量单位

总量指标的计量单位有三种，可分为实物单位、货币单位和劳动单位。

### （一）实物单位

实物单位，它是根据事物的自然属性和特点采用的计量单位，按实物单位计算的总量指标称为实物指标。实物单位分为自然单位、度量衡单位和标准实物单位三种。按实物单位计算的总量指标，优点是它能够直接反映产品的使用价值或现象的具体内容，因而能够具体地表明事物的规模和水平。但以实物单位计算的总量指标在应用中也有缺点，就是它不能进行综合。不同的实物，内容性质不同，计量单位不同，无法进行汇总，因而不能用以反映现象的总规模、总水平等。

### （二）货币单位

货币单位是用货币“元”来度量社会劳动成果或劳动消耗的计量单位。价值指标具有广泛的综合性和概括性。它能将不能直接相加的产品数量过渡到能够相加，用以综合说明具有不同使用价值的产品总量或商品销售量等的总规模或总水平。价值指标广泛应用于统计研究、计划管理和经济核算之中。但价值指标也有其局限性，综合的价值量容易掩盖具体的物质内容，比较抽象。因此，在实际工作中，应注意把价值指标与实物指标结合起来使用，以便全面认识客观事物。

## 四、相对指标的意义

相对指标又称“相对数”，是用两个有联系的指标进行对比的比值，用来反映社会经济现象数量特征和数量关系的综合指标。相对指标把两个具体数值抽象化，使人们对现象之间所存在的固有联系有较为深刻的认识。借助相对指标对现象进行对比分析，是统计分析的重要内容。相对指标的数值有两种表现形式：有名数和无名数。

## 五、相对指标的类型及其计算方法

相对指标根据统计研究的任务目的的不同、对比基数的不同、计算方法的不同可分为计划完成程度相对指标、结构相对指标、比例相对指标、比较相对指标、强度相对指标和动态相对指标六类。

### （一）结构相对指标

结构相对指标就是在分组的基础上，以各组（或部分）的单位数与总体单位总数对比，或以各组（或部分）的标志总量与总体的标志总量对比求得的比重，借以反映总体内部结构的一种综合指标。一般用百分数表示，也叫比重指标。可以用公式表述如下：

$$结构相对指标=\frac{总体部分数值}{总体全部数值}\times 100\%$$

### （二）比例相对指标

比例相对指标是反映总体中各个组成部分之间的比例关系和均衡状况的综合指标。它是同一总体中某一部分数值与另一部分数值静态对比的结果，一般用倍数或系数表示，也可以用百分数表示，计算公式为：

$$比例相对数=\frac{总体中某一部分数值}{总体中另一部分数值}$$

比例相对指标常用来研究现象之间的比例关系，一般与总量指标进行对比。

### （三）比较相对指标

比较相对指标就是同一时期、某一同类现象在不同空间的数量对比关系。从静态上表明某一同类现象在各国、各地、各单位或各组之间的相对差异程度。比较相对指标一般用百分数或倍数来表示。计算公式如下：

$$比较相对指标=\frac{甲国（地区、单位）某一现象的指标数值}{乙国（地区、单位）同一现象的指标数值}$$

式中分子、分母现象所属统计指标的含义、口径、计算方法和计量单位等必须一致。在经济管理工作中，广泛应用比较相对指标。比较相对指标的分子分母可以互换，所对比的指标可以是总量指标，也可以是相对指标或平均指标。

### （四）动态相对指标

动态相对指标，就是指同类现象的指标数值在不同时间上的数量对比关系，用以反映现象在时间上发展和变化的程度。通常把用来作为比较基础的时期称为“基期”，把用来与基期对比的时期称为“报告期”或“计算期”。动态相对指标通常用百分数表示。

$$动态相对数=\frac{报告期指标数值}{基期指标数值}\times 100\%$$

### （五）强度相对指标

社会经济现象之间的数量对比关系，不仅出现在某一总体的组成部分之间，还出现在有联系的不同事物之间，分析不同事物之间的数量对比关系，就需要计算强度相对指标。

强度相对指标是两个性质不同但有联系的总体总量指标之间的对比，用来说明现象的强度、密度和普遍程度的综合指标。其计算公式为：

$$强度相对数=\frac{某一总量指标数值}{另一个有联系而性质不同的总量指标数值}$$

由于强度相对数是两个性质不同但有联系的总量指标数值之比，所以在多数情况下，是由分子与分母原有单位组成的复名数表示的。有少数反映社会服务行业的负担情况或保证程度的强度相对指标，其分子和分母可以互换，即采用正算法计算正指标，用倒算法计算逆指标。

正指标：是指强度相对指标的数值大小与现象的发展程度或密度呈正方向变化。

逆指标：是指强度相对指标的数值大小与现象的发展程度或密度呈反方向变化。

**（六）计划完成程度相对指标**

计划完成程度相对指标简称计划完成相对数、计划完成百分比，以现象在某一段时间内的实际完成数与计划任务数对比，借以观察计划完成程度的相对指标。其计算公式如下：

$$计划完成程度相对指标 = \frac{实际完成数}{计划任务数} \times 100\%$$

由于计划数总是用来衡量计划完成情况的标准，所以该公式的子项和母项不得互换，而且公式的子项和母项的指标含义、计算口径、计算方法、计量单位以及时间长短和空间范围等方面都要一致。公式的子项数值减母项数值则表明计划执行的绝对效果。

应该注意：对计划完成程度相对指标的结果进行评价时，并非超过计划就算情况良好，在实际的经济生活中，有两种计划任务指标，一种是作为最低限度提出的，执行的结果越多越好，即产出性质的指标，其计划完成程度以等于或大于100%为好，超过100%的部分，表示超额完成计划，不足100%的部分，表示未完成计划的差距。另一种性质的计划指标，是以最高限度提出的，执行结果越少越好，即投入性质的经济指标。

检查计划的执行情况时，分为短期计划的检查、计划执行进度检查和长期计划的检查。

1. 计划数表现为总量指标

计划数为总量指标，计划完成程度相对指标的公式为：

$$计划完成程度相对指标 = \frac{实际完成数}{计划任务数} \times 100\%$$

根据计划数为总量指标来计算计划完成程度相对指标，一般适用于考核社会经济现象的规模和水平的计划完成程度。

2. 计划数为相对数

计划数为相对指标，计算计划完成程度相对指标的公式为：

$$计划完成程度相对指标 = \frac{实际完成水平}{计划完成水平} \times 100\%$$

计划数为相对指标来计算计划完成程度相对指标，多用于考核各种社会经济现象的降低率、提高率、利用率和出勤率的计划完成程度。

如果计划任务是以比上期增长或减少的百分数规定的，在计算计划完成程度情况相对指标时，不能以实际增长率或降低率除以计划增长率或降低率，而应当包括原有的基数，即要用实际完成的百分比与计划任务的百分比进行对比。

3. 计划数为平均指标

计划数为平均指标，计算计划完成程度相对指标的公式为：

$$\text{计划完成程度相对指标} = \frac{\text{实际平均数}}{\text{计划平均数}} \times 100\%$$

它多用于考核以平均水平表示的技术经济指标的计划完成程度，如工业生产中劳动生产率、单位产品原材料量、职工平均工资等。

4. 计划执行进度情况检查

计划执行进度的检查，是指在计划执行过程中，对计划执行的进度情况进行检查。

$$\text{计划执行进度} = \frac{\text{累计完成数}}{\text{本期计划数}}$$

公式中的累计完成数，是指期初至计算日止逐日、逐月或逐季实际完成的累计数，本期计划数是指检查期的全部计划数。

5. 长期计划执行情况的检查

长期计划如五年计划，计划任务的规定有不同的性质。有的任务是按全期应完成的总数来规定的，有的任务则是规定计划期末所应达到的水平，因而有两种不同的长期计划检查的方法。

（1）累计法。凡是计划指标是按计划期间内每年的总和规定任务时，或者说，是按计划全期（如五年）提出累计完成任务时，就要求按累计法计算。

累计法就是整个计划期间实际完成的累计数与同期计划数相比较，来确定计划完成程度。计算公式如下：

$$\text{计划完成程度相对指标} = \frac{\text{中长期计划期间实际累计完成量}}{\text{中长期计划任务量}} \times 100\%$$

按累计法检查计划完成情况，将计划全部时间减自计划执行之日起至累计实际数量已达到计划任务时间，即为提前完成计划的时间。

（2）水平法。制定长期计划时，有些计划指标是以计划期末应达到的水平下达的，这样检查其计划完成情况就要用另一种方法——水平法来检查。用水平法检查五年计划完成情况的公式为：

$$\text{计划完成程度相对指标} = \frac{\text{中长期计划末期实际达到的水平}}{\text{中长期计划末期计划达到的水平}} \times 100\%$$

## 知识检测

### 一、填空题

1. 总量指标按反映总体内容不同，可分为________和________。

2. 总量指标按反映的时间状况不同，可分为________和________。

3. 总量指标按采用计量单位的不同，可分为__________、__________和__________。

4. 某公司计划劳动生产率比去年提高 10%，实际提高 15%，则该公司劳动生产率计划完成程度为________。

5. 不同总体在同一时间上的两个同类指标对比所得的综合指标，是________相对指标。

6. 动态相对指标是________与________之比。

7. 无名数是一种抽象化的数值，多以倍数、________、________、百分数或千分数表示；________是强度相对指标的主要表现形式。

8. 长期计划任务有的按计划期末应达到的水平下达，有的按全期累计完成量下达，因而检查计划时相应有________和________。

9. 劳动量指标是以________计量的总量指标。

10. 在人口总体中，男性人口数与女性人口数之比计算的是________相对指标。

11. 相对数是应用__________的方法来反映社会经济现象中某些________间________程度的综合指标。

12. 综合指标包括________指标、________指标和________指标。

13. 总量指标是反映客观事物现象总体在一定时间、地点、条件下________、________或________的绝对数指标。

14. 根据统计研究目的和比较标准的不同，相对数可分为__________、__________、__________、__________、__________和__________六种。

**二、判断题**

1. 时点指标数值大小与时点间隔长短无直接关系。(　)

2. 强度相对指标的计量单位必须用复名数表示。(　)

3. 某企业计划规定 2019 年 1 月份的单位产品成本比去年同期降低 8%，实际执行结果降低了 4%，只完了成计划的一半。(　)

4. 男女人口性别比是反映人口总体性别构成的结构相对指标。(　)

5. 价值指标是具有广泛的综合性和概括能力的总量指标形式。(　)

6. 计划完成程度的计算结果超过 100%，表示计划任务超额完成。(　)

7. 计算相对指标时必须注意分子、分母是否可比。(　)

8. 某地区 2019 年年末每万人拥有商业网点数是比较相对指标。(　)

9. 时期指标的数值大小与时期长短有关，时期越长，则对应的指标值越大。(　)

10. 强度相对指标有正、逆指标之分。(　)

11. 据计算，去年全国财政收支相抵后，赤字为 132 亿元，是时点指标。(　)

12. “年末职工人口数”和“年初工人数”这两个指标都属于时期指标。（ ）

13. 某厂研究生、本科生、专科生人数分别占全厂总人数的百分比分别是30%、50%、20%，这三个百分比属于结构相对数。（ ）

14. 某市工商行年末共有一万存款户，年末存款额为240万元，平均每户存款额240元，这是一个强度相对数。（ ）

15. 绝对指标是最基本的统计指标。（ ）

**三、单项选择题**

1. 直接反映总体规模大小的指标是（ ）。

A. 平均指标　B. 相对指标　C. 总量指标　D. 变异指标

2. 总量指标以何种形式表示？（ ）。

A. 绝对数形式　B. 相对数形式　C. 平均数形式　D. 百分数形式

3. 某商场去年末彩电库存量1 000台，该指标为（ ）。

A. 时期指标，实物指标　B. 时点指标，实物指标

C. 时期指标，价值指标　D. 时点指标，价值指标

4. 下列属于结构相对指标的是（ ）。

A. 人均粮食产量　B. 职工平均工资

C. 产品合格率　D. 积累与消费的比例

5. 某厂劳动生产率计划比去年提高8%，实际仅提高4%，则劳动生产率计划完成程度为（ ）。

A. $\frac{8\%}{4\%}$　B. $\frac{4\%}{8\%}$　C. $\frac{108\%}{104\%}$　D. $\frac{104\%}{108\%}$

6. 下列指标中，不属于时期指标的是（ ）。

A. 出生人数　B. 国民生产总值　C. 货运量　D. 牲畜存栏数

7. 计划完成程度相对指标（ ）。

A. 以大于100%为超额完成计划　B. 以小于100%为超额完成计划

C. 以100%完成计划为最好　D. 视现象性质而定

8. 在相对指标中，主要用有名数来表现指标数值的是（ ）。

A. 结构相对数　B. 强度相对数　C. 比较相对数　D. 动态相对数

9. 某地区有5万人口，共有20个医院。平均每个医院服务2 500人，这个指标是（ ）。

A. 平均指标　B. 强度相对指标　C. 总量指标　D. 发展水平指标

10. 某产品单位成本计划2019年比2018年降低10%，实际降低15%，则计划完成程度为（ ）。

A. 94.4%　B. 150%　C. 104.5%　D. 66.7%

11. 下面统计指标中，属于质量指标的是（ ）。

A. 社会总产值　B. 劳动生产率　C. 国民收入　D. 人口总数

12. 下面统计指标中，属于总量指标的是（　）。

A. 产品废品率　B. 劳动生产率　C. 工人人数　D. 平均工资

13. 按五年计划，我国农药产量，将由第一年的 21 万吨，增加到第五年的 23 万吨，这两项指标（　）。

A. 前者是总量指标，后者是相对指标

B. 都是相对指标

C. 都是总量指标中的时期指标

D. 都是总量指标中的时点指标

14. 比例相对指标是用来反映总体内部各部分之间内在的（　）。

A. 计划关系　B. 质量关系　C. 强度关系　D. 比例关系

**四、多项选择题**

1. 下列各项中，属于时点指标的是（　）。

A. 某地区人口数　B. 某地区人口死亡数

C. 某城市在校学生数　D. 某农场拖拉机台数

E. 某农场月末在册职工人数

2. 时期指标数值的特点是（　）。

A. 可以连续计数　B. 可以直接相加

C. 只能间隔计数　D. 与时期长短无关

E. 与时期长短成正比

3. 属于强度相对指标的有（　）。

A. 人口出生率　B. 资产收益率　C. 人均国民收入　D. 人口密度

E. 某市每千人拥有手机数

4. 某地区 2019 年国内生产总值为 380 亿元。这个指标是（　）。

A. 时期指标　B. 时点指标　C. 数量指标　D. 总量指标

E. 质量指标

5. 相对指标的表现形式是（　）。

A. 系数　B. 倍数　C. 成数　D. 复名数

E. 百分数或千分数

6. 下列相对指标中，分子、分母在计算时可以互换的有（　）。

A. 结构相对数　B. 比例相对数

C. 比较相对数　D. 有复名数的强度相对数

E. 计划完成相对数

7. 下列指标中的结构相对指标是（　）。

A. 某企业职工数占职工总数的比重

B. 大学生占全部学生的比重

C. 某工厂产品产量比上年增长的百分比

D. 某年人均消费额

E. 某年积累额占国民收入的比重

8. 时点指标是（ ）。

A. 反映现象在某一特定时点上状况的总量指标

B. 只能间断计数

C. 各数值相加没有实际意义

D. 数值大小与时间间隔长短没有直接关系

E. 可以连续计数

9. 全国人口数、商品库存量、人口出生数、出口总额这四个指标（ ）。

A. 都是总量指标　　B. 都是质量指标

C. 都是数量指标　　D. 有两个时期指标、两个时点指标

E. 都是时期指标

10. 总量指标是（ ）。

A. 反映现象在一定条件下的总规模、总水平的指标

B. 只有有限总体才能计算

C. 计算相对指标和平均指标的基础

D. 可分为总体单位总量和标志总量

E. 不能反映现象间的对比关系、现象的内部结构

11. 计划完成程度相对数在形式上各有所异，是由于基数的表现形式不同，从而有（ ）。

A. 计划数为绝对数的形式　　B. 计划数为相对数的形式

C. 计划数为平均数的形式　　D. 计划数为时点数的形式

E. 计划数为时期数的形式

12. 在统计中计算总量指标有着重要意义，是因为总量指标是（ ）。

A. 认识社会经济现象的起点　　B. 实行社会管理的依据

C. 计算相对指标和平均指标的基础　　D. 唯一能进行统计推算的指标

E. 没有统计误差的统计指标

**五、简答题**

1. 总量指标在统计中有什么作用?

2. 简述时期指标与时点指标的区别与联系。

3. 简述算术平均数与强度相对数有何区别?

4. 简述相对指标的应用原则。

5. 什么是强度相对数的正负指标?

## 综合分析与计算

1. 现有甲、乙两省煤产量和人口资料，如下表所示：

| | 甲省 | | 乙省 | |
|---|---|---|---|---|
| | 2016 | 2017 | 2018 | 2019 |
| 煤产量/万吨 | 5 000 | 5 250 | 4 800 | 5 000 |
| 年均人口/万人 | 7 000 | 7 100 | 6 500 | 6 500 |

试通过计算动态相对数、强度相对数和比较相对数来简单分析甲、乙两省煤产量的发展情况。

2. 某市“十三五”计划规定2020年（最末一年）钢产量达到700万吨，实际生产情况如下表所示：

单位：万吨

| 年份 | 2016年 | 2017年 | 2018年 | 2019年 | | | | 2020年 | | | |
|---|---|---|---|---|---|---|---|---|---|---|---|
| | | | | 一季度 | 二季度 | 三季度 | 四季度 | 一季度 | 二季度 | 三季度 | 四季度 |
| 产量 | 450 | 480 | 520 | 160 | 160 | 180 | 170 | 180 | 170 | 210 | 210 |

计算该市“十三五”钢产量计划完成情况，并计算提前完成时间。

3. 某企业2018年某种产品单位成本为1 000元，2019年计划规定比2018年下降10%，实际下降8%，试确定：

（1）该种产品2019年单位成本计划与实际的数值。

（2）2019年单位产品成本计划完成程度。

（3）2019年单位产品成本实际比计划多或少降低的百分点。

4. 某企业所属三个分厂2019年下半年的利润额资料如下表所示：

| 企业 | 第三季度利润/万元 | 第四季度 | | | | | 第四季度为第三季度% |
|---|---|---|---|---|---|---|---|
| | | 计划 | | 实际 | | 计划完成% | |
| | | 利润/万元 | 比重% | 利润/万元 | 比重% | | |
| | （1） | （2） | （3） | （4） | （5） | （6） | （7） |
| 一厂 | 1 082 | 1 234 | | 1 358 | | | |
| 二厂 | 1 418 | 1 724 | | | | 95 | |
| 三厂 | 915 | | | 1 140 | | 105 | |
| 合计 | 3 415 | | | | | | |

要求：

（1）计算空格指标数值，并指出（1）～（7）栏是何种统计指标？

（2）若未完成计划的分厂能完成计划，则该企业的利润将增加多少？超额完成计划多少？

（3）若二厂、三厂都能达到一厂完成计划的程度，该企业将增加多少利润？超额完成计划多少？

5. 某地区某年国民收入为320亿元，其中用于消费的为220亿元，用于积累的为100亿元。该地区该年年平均人口2 950万人。

要求：

（1）分析该地区国民收入中积累和消费的构成比例关系。

（2）计算人均国民收入强度相对指标。

6. 某地2018年和2019年有关资料如下表所示：

单位：亿元

| | 2018年 | 2019年 |
|---|---|---|
| 工农业总产值 | 6 175 | 6 619 |
| 其中：农业产值 | 1 584 | 1 627 |
| 轻工业产值 | 1 980 | 2 344 |
| 重工业产值 | 2 611 | 2 648 |

要求：

（1）分别计算农轻重的产值占工农业总产值的比重。

（2）计算农轻重产值之间的比例相对数（以农业产值为1）。

（3）计算有关的动态相对数。

# 第五章 平均指标与标志变异指标

## 重点与难点解析

### 一、平均指标的概念和特点

平均指标是同质总体各单位某一数量标志值在一定时间、地点条件下所达到的一般水平或代表值，其数值表现为平均数，可以用来反映标志值的一般水平。例如，要说明全国工业企业职工在一定时期内的收入水平，显然不能用个别职工的工资额来代表，因为总体各单位的某一标志值在客观上存在数量差异，每个职工的工资额由于受行业、工龄等多种因素的影响而各不相同；同时也不能用全部职工的工资总额来表示，因为工资总额随着人数的多少而变化，不能说明职工的收入水平。只有计算每个职工的平均工资才可以反映我国工业企业职工收入的一般水平。

平均指标有如下两个特点：一是平均指标是一个抽象化的数值。平均指标把总体各单位之间数量上的差异抽象化了，这个抽象化的数值实际上并不一定存在，它只说明了总体各单位的某一标志值以平均指标为中心上下波动；二是平均指标是一个代表值，它代表的不是某一单位的具体水平，而是总体各单位的一般水平。

### 二、平均指标的作用

#### （一）平均指标可以度量统计分布的集中趋势或中心位置

总体中各总体单位的变量值存在差异并形成一定的统计分布，具有一定的分布特征。在大多数情况下，事物总体的统计分布通常是以平均指标为中心而左右波动的。因此，在统计分析中，为了反映同一总体某种事物一般水平在不同时期的发展变化情况，可以运用平均数。平均指标作为同类事物一般水平的代表值，可以用来描述总体分布的集中趋势或中心位置。例如企业生产齿轮，测量其直径时会发现绝大多数齿轮直径靠近平均直径的周围，因此平均直径反映了齿轮直径的中心位置，这个中心位置可作为分析产品质量的一个重要依据。

#### （二）平均指标可以作为对比分析的基础

平均指标可以用来比较同一时间里不同空间范围条件下几个同类事物总体的

水平，分析它们在发展中的差距。由于总体范围有大小之别，我们不能用绝对数直接比较，采用平均指标就可以消除总体规模大小不同的影响，正确评价经济现象。例如，我们要比较甲、乙两地的工资水平，既不能用工资总额，也不能用个别职工的工资，而只能用平均工资进行比较。

平均指标还可以用来比较同一事物总体在不同时间的水平，分析事物发展变化的基本趋势。同一事物在不同时间上的数量表现往往有差异，在分析事物发展变化趋势时，应用平均指标消除总体规模大小影响和偶然因素的影响，反映其本质特征。例如，由于不同时期同一总体职工人数可能发生变化，要观察职工工资水平的变化，只能用平均工资。

**（三）平均指标可以作为论断事物的一种数量标准或参考，研究事物之间的依存关系**

事物都是在一定的条件下或一定的环境中相互依存的。在进行统计推断和分析现象之间的依存关系时，为了能较好地把握个体和总体之间的关系以及现象与现象之间的关系，也常常需要运用平均数。例如，收入水平与劳动生产率之间、农作物施肥量与产量之间、费用水平与商品流转规模之间都存在一定的依存关系。在分析这种依存关系时，需要使用平均数。

**（四）平均指标可以进行推算和预测**

平均指标是统计推断中最常使用的指标。例如，在利用样本资料来描述总体指标时，就常用样本平均数来推断总体平均数和推断总体总量指标。在统计预测中有时也使用平均发展速度来预测未来。

## 三、算术平均数的概念、特点及计算方法

算术平均数是最常用的平均指标，是将总体各单位某数量标志值的总和除以总体单位总数计算的，其基本公式为：

$$\text{算术平均数} = \frac{\text{总体标志总量}}{\text{总体单位总量}}$$

根据上述公式计算时要注意分子和分母在总体范围上要具有可比性，两者必须是属于同一总体且标志总量依附于总体单位总数，即各标志值与各单位之间是一一对应的关系，否则，计算出来的就不是平均指标而是强度相对指标了。算术平均数的计算方法又可分为简单算术平均法和加权算术平均法。

1. 简单算术平均数

简单算术平均数是根据总体各单位标志值的原始资料，通过直接加总的方式计算总体标志总量，进而计算算术平均数的方法。简单算术平均数主要适用于未分组资料。其计算公式为：

$$\bar{x} = \frac{x_1 + x_2 + x_3 + \cdots + x_n}{n} = \frac{\sum x}{n}$$

2. 加权算术平均数

加权算术平均数是在总体经过分组形成变量数列（包括单项数列和组距数列），有变量值和次数的情况下，将各组变量值分别与其次数相乘后加总求得标志总量，再除以总体单位数（即次数总和）而求得的数值。其计算公式为：

$$\bar{x}=\frac{x_1f_1+x_2f_2+\cdots+x_{n-1}f_{n-1}+x_nf_n}{f_1+f_2+\cdots+f_{n-1}+f_n}=\frac{\sum xf}{\sum f}$$

## 四、调和平均数的意义和计算方法

调和平均数是根据各个标志值的倒数的算术平均数的倒数，所以又称倒数平均数。记作 $H$，根据所掌握的资料是否分组，调和平均数分为简单调和平均数与加权调和平均数两种计算形式。

1. 简单调和平均数

如果掌握的资料是未分组的总体各单位的标志值和单位总量，则用简单调和平均法计算平均指标。其算式为：

$$H=\frac{1+1+\cdots+1}{\frac{1}{x_1}+\frac{1}{x_2}+\cdots+\frac{1}{x_n}}=\frac{n}{\sum\frac{1}{x}}$$

2. 加权调和平均数

如果掌握的资料是各组的标志值和标志总量，而未掌握各组单位数，则用加权调和平均法计算平均指标。其算式为：

$$H=\frac{m_1+m_2+\cdots+m_n}{\frac{m_1}{x_1}+\frac{m_2}{x_2}+\cdots+\frac{m_n}{x_n}}=\frac{\sum m}{\sum\frac{m}{x}}$$

3. 算术平均数的变形

在我们的生活中，直接用调和平均数的地方很少遇到，而在社会经济统计当中经常用到的仅是一种特定权数的加权调和平均数，一般是把它作为算术平均数的变形来使用的，而且两者的计算结果是一样的，仅仅计算过程不同而已。即有如下数学关系式成立：

$$H=\frac{\sum m}{\sum\frac{m}{x}}=\frac{\sum xf}{\sum\frac{xf}{x}}=\frac{\sum xf}{\sum f}=\bar{x}$$

## 五、几何平均数的意义和计算方法

几何平均数，不同于算术平均数和调和平均数，它是变量连乘积的 $n$ 次方根。它是一种具有特殊意义的平均指标，适用于计算具有环比现象的平均比率和平均速度。根据掌握的数据资料的不同，几何平均数可分为简单几何平均数与加权几何平均数两种。

1. 简单几何平均数

当我们所掌握的资料是未分组资料时，计算其几何平均数时采用简单几何平均数的方法，计算公式如下：

$$G = \sqrt[n]{\prod x}$$

2. 加权几何平均数

当掌握的数据为分组资料，且各个变量值出现的次数不相同时，要采用加权方法计算几何平均数。加权几何平均数的公式为：

$$G = \sqrt[\sum f]{\prod x^f}$$

## 六、众数和中位数的确定方法

### （一）众数

1. 众数的意义

众数，是总体中出现次数最多的那个变量值，也就是总体中最常见的、带有普遍意义的标志值，用 $M_0$ 表示。

2. 众数的确定与计算

（1）根据未分组资料确定众数。

（2）根据单项式数列确定众数。

（3）根据组距式数列确定众数。

对组距式数列求众数，需采用公式计算。因为众数所在组的变量不是一个确定的值，而是一个数值区间，众数则是众数所在组某一点的值，要找出众数点的标志值，就需借助众数计算公式来进行。确定众数的一般步骤是：

（1）确定众数所在组。

（2）假定组内单位均匀分布，利用比例推算法确定众数的近似值。

下限公式：

$$M_0 = L + \frac{\Delta_1}{\Delta_1 + \Delta_2} \times d$$

上限公式：

$$M_0 = U - \frac{\Delta_2}{\Delta_1 + \Delta_2} \times d$$

### （二）中位数

1. 中位数的意义

将总体中各单位的标志值按大小顺序排列，位于中间位置的标志值就是中位数，用 $M_e$ 表示。

2. 中位数的确定与计算

（1）根据未分组资料确定中位数。

根据未分组的资料确定中位数，先把各单位的标志值按大小顺序排列，然后根据公式确定中点位置，其计算公式为：

$$中点位置 = \frac{n+1}{2}$$

（2）根据分组资料确定中位数。

1）单项式数列确定中位数

在单项数列情况下，先顺序计算各组的累计次数，计算$\frac{\sum f}{2}$确定中位数的位次，然后根据中位数的位次将累计次数刚超过中位数位次的组确定为中位数所在组，该组的标志值就是中位数。

2）组距式数列确定中位数

组距式分组资料确定中位数与单项式分组资料类似，先计算各组次数的累计数，再用公式$\frac{\sum f}{2}$确定中位数的位次，并确定中位数所在组。在确定中位数组后，要用公式求出中位数的近似值。其计算公式如下：

下限公式：

$$M_e = L + \frac{\frac{\sum f}{2} - S_{m-1}}{f_m} \times d$$

上限公式：

$$M_e = U - \frac{\frac{\sum f}{2} - S_{m+1}}{f_m} \times d$$

## 七、标志变异指标与平均指标的关系

所谓标志变异指标，就是反映总体各单位标志值差异程度或离散趋势的综合指标，也称标志变动度。平均指标作为总体某一数量标志的代表值，其代表性取决于总体各单位数量标志值的差异程度。总体各单位数量标志值的差异大，说明该总体的平均数的代表性差；总体各单位数量标志值的差异小，则说明该总体平均数的代表性好。

## 八、标准差的意义、计算方法及其应用

标准差是总体各单位标志值与其平均数离差平方的算术平均数的平方根，是测定标志变异程度最常用、最主要的指标。

标准差计算的一般步骤为：

第一步：求总体标志值的平均数；

第二步：求总体各标志值与其算术平均数的离差；

第三步：求离差的平方；

第四步：求各项离差平方和的算术平均数；

第五步：对离差平方和的算术平均数开平方，即得出标准差。

依据所掌握资料的不同，标准差的计算分为简单式和加权式两种情况。

（1）简单平均法。

在资料未分组的条件下，可采用简单平均法计算标准差。其计算公式为：

$$\sigma = \sqrt{\frac{\sum (x-\bar{x})^2}{n}}$$

（2）加权平均法。

在分组的条件下，可采用加权平均法计算标准差。其计算公式为：

$$\sigma = \sqrt{\frac{\sum (x-\bar{x})^2 f}{\sum f}}$$

标准差与全距、平均差一样，都是对分布离散趋势进行的绝对测定，是标志变异程度的绝对数分析指标。只有在同类现象且平均数相等的条件下，才能运用上述三种绝对数分析指标直接进行比较。而它们在实际应用中，对不同的现象由于标志变异指标的单位不同，不能直接对比；即使是同类现象，在平均指标不相等的条件下，由于其值受自身平均水平高低的影响，也不能直接对比。

## 九、标准差系数的计算及其应用

标准差系数是离散系数的一种重要的计算形式，它是标准差与其相应的平均数对比，用来对比分析不同数列、不同平均水平标志变异程度的相对数分析指标，标准差系数大的，说明该组数据离散程度就大，标准差系数小，说明该组数据离散程度也小。标准差系数一般用 $V_\sigma$ 表示，标准差系数的计算公式为：

$$V_\sigma = \frac{\sigma}{\bar{x}} \times 100\%$$

## 知识检测

### 一、填空题

1. 算术平均数是________和________之比。

2. 各组________的多少对平均的结果起着一种权衡轻重的作用，因而这一衡量变量值相对重要性的数值称为________。

3. ________是根据绝对数权数计算出来的，反映权数在各个变量值之间的分配比例，能更好地体现权数的实质。

4. 简单算术平均数可视为________条件下的加权算术平均数。

5. 调和平均数是各变量值________的算术平均数的倒数。

6. 是非标志的算术平均数是________，标准差是________。

7. 由分组资料确定中位数，其位置公式为________。

8. 平均指标反映总体变量分布的________趋势，标志变异指标则反映总体变量分布的________趋势。

9. 各变量值与其________平均数离差平方之和为最小值。

10. 某项为期 20 年的投资按复利计算收益，前 10 年的年利率为 10%，中间 5 年的年利率为 8%，最后 5 年的年利率为 6%。则计算年平均利率的算式为___。

11. 标准差是总体各单位标志值对其________的离差平方的算术平均数的________。

12. 数值平均数主要包括________、________和________。

13. 标志变异指标数值越大，说明总体各单位标志值的离散程度________，则平均指标的代表性就________。

**二、判断题**

1. 变量数列中任一组标志值为零，则无法计算调和平均数。(　)

2. 几何平均数是位置平均数，不受极端数值影响。(　)

3. 权数既可以是绝对数，也可以是相对数，影响平均指标大小的是绝对数。(　)

4. 按全国人口平均计算得到的人均国民收入是平均指标。(　)

5. 算术平均数反映总体各单位标志值的离中趋势。(　)

6. 是非标志的方差就是具有某一标志表现的成数和不具有某一标志表现的成数的乘积。(　)

7. 当峰度的测定值 $\beta=3$ 时，该次数分布曲线的峰度为正态峰度。(　)

8. 各标志值与算术平均数离差之和大于 0。(　)

9. 位置平均数是根据变量值在变量数列中所处的位置特征而确定的。(　)

10. 一般只在总体数据较多，而且又存在较明显的集中趋势的变量数列，才存在众数。(　)

11. 利用组中值计算算术平均数，由于是根据全部资料计算的，所以计算结果是精确的。(　)

12. 离中趋势和集中趋势是同一事物的两个方面，因此变异指标的大小与平均指标的代表性成同方向变动关系。(　)

13. 全距说明标志值的变动范围，是最易受极端数值影响的标志变异指标。(　)

14. 当两个数列的平均水平不相等时，利用标准差可以直接判断其平均数代表性。(　)

15. 在统计实践中如遇到只有总体标志总量和变量值，缺少总体单位数的资料，就宜利用调和平均数公式计算平均数。(　)

16. 反映总体各单位标志值的离散程度只能用相对数不能用绝对数。(　)

17. 标准差系数可以消除数列本身水平高低的影响，主要用于分析不同类

别、不同数列、不同计量单位的事物标志变异情况，弥补了标准差的不足。（ ）

18. 各变量值与其算术平均数的离差平方和为最小值。（ ）

**三、单项选择题**

1. 计算平均指标最常用的方法和最基本的形式是（ ）。

A. 中位数　B. 众数　C. 调和平均数　D. 算术平均数

2. 算术平均数的基本形式是（ ）。

A. 同一总体不同部分对比

B. 总体的部分数值与全部数值对比

C. 不同总体两个有联系的指标数值对比

D. 各总体单位数量标志值之和与总体单位数之比

3. 各标志值与下列哪一项的离差平方和最小？（ ）

A. 众数　B. 算术平均数　C. 几何平均数　D. 调和平均数

4. 设有8个工人生产某种产品，他们某日的日产量（件）按顺序排列是：4、6、6、8、9、12、14、15，则日产量的中位数是（ ）。

A. 4.5　B. 8和9　C. 8.5　D. 无中位数

5. 当变量值中有一项为0，则不能计算（ ）。

A. 算术平均数和调和平均数　B. 调和平均数和几何平均数

C. 算术平均数和几和平均数　D. 众数和中位数

6. 某工厂有三个流水作业的车间，某月份车间制品合格率依次为95%、90%、85%。平均车间合格率为（ ）。

A. $\dfrac{3}{\dfrac{1}{0.95}+\dfrac{1}{0.90}+\dfrac{1}{0.85}}$　B. $\sqrt[3]{0.95\times0.90\times0.85}$

C. $\dfrac{0.95+0.90+0.85}{3}$　D. $\dfrac{0.95\times0.90\times0.85}{3}$

7. 标志变异指标中，由总体中两个极端数值大小决定的是（ ）。

A. 全距　B. 平均差　C. 标准差　D. 标准差系数

8. 比较两个性质不同的变量数列的平均数代表性大小时，应采用（ ）。

A. 标准差　B. 平均差　C. 标准差系数　D. 全距

9. 若一个离散型分配数列的各个标志值都增加1倍，次数都减少$\frac{1}{2}$，则众数的大小（ ）。

A. 不变　B. 减少$\frac{1}{2}$　C. 增加1倍　D. 无法判断

10. 变异指标的数值越小，则反映（ ）。

A. 变量值越分散，平均数代表性越低

B. 变量值越集中，平均数代表性越高

C. 变量值越分散，平均数代表性越高

D. 变量值越集中，平均数代表性越低

11. 计算平均发展速度最合适的平均数是（ ）。

A. 简单算术平均数　　B. 加权算术平均数

C. 几何平均数　　D. 调和平均数

12. 检验一批成品，400 个中 8 个是废品，则废品比重的方差为（ ）。

A. 0. 02　　B. 0. 98　　C. 0. 14　　D. 0. 019 6

13. 在变量数列中，当标志值较小而发生的次数较多时，计算出来的算术平均数（ ）。

A. 接近于标志值大的一组　　B. 接近于标志值小的一组

C. 接近于中间一组　　D. 无法判断

14. 标准差和平均差的主要区别是（ ）。

A. 作用不同　　B. 意义不同

C. 计算所依据资料不同　　D. 数学处理方法不同

15. 平均指标说明（ ）。

A. 总体的规模水平

B. 现象间数量对比关系

C. 总体各单位某数量标志值的一般水平

D. 现象的强度、密度、普遍程度

16. 当变量值为相对数（或平均数）要计算平均数时，如掌握的是相对数（或平均数）的分子资料而未掌握分母资料，应采用（ ）。

A. 简单算术平均数法　　B. 加权算术平均数法

C. 简单调和平均数法　　D. 加权调和平均数法

17. 加权算术平均数的大小（ ）。

A. 主要受各组标志值大小的影响，而与各组次数的多少无关

B. 主要受各组次数多少的影响，而与各组标志值的大小无关

C. 既受各组标志值大小的影响，也受各组次数多少的影响

D. 既与各组标志值大小无关，也与各组次数无关

18. 计算平均指标的基本原则是必须注意总体各单位在被平均标志上的（ ）。

A. 大量性　　B. 同质性　　C. 差异性　　D. 具体性

**四、多项选择题**

1. 在各种平均指标中，不受极端数值影响的平均指标是（ ）。

A. 算术平均数　　B. 调和平均数　　C. 中位数　　D. 几何平均数

E. 众数

2. 众数是（ ）。

A. 位置平均数

B. 总体中出现次数最多的变量值
C. 不受极端值的影响
D. 适用于总体次数多且有明显集中趋势的情况
E. 处于数列中点位置的那个标志值

3. 关于极差，下列说法正确的有（　）。
A. 只能说明变量值变异的范围　B. 不反映所有变量值差异的大小
C. 能较为精确反映数据的分布情况　D. 最大的缺点是易受极端值的影响
E. 最大的优点是不受极端值的影响

4. 中位数是（　）。
A. 由标志值在数列中所处的位置决定的
B. 根据标志值出现的次数决定的　C. 总体单位水平的平均值
D. 总体一般水平的代表值　E. 不受总体中极端数值的影响

5. 平均差的缺点是（　）。
A. 最易受极端值的影响　B. 未充分利用每一个数据的信息
C. 在数学性质上不是最优的　D. 不能反映数据的离散程度
E. 计算绝对值，数据处理相对较难

6. 标志变异指标能反映（　）。
A. 变量的一般水平　B. 总体分布的集中趋势
C. 总体分布的离中趋势　D. 变量分布的离散趋势
E. 现象的总规模、总水平

7. 调和平均数（　）。
A. 也称做倒数平均数
B. 分为简单调和平均数和加权调和平均数
C. 加权调和平均数的公式为 $H=\frac{n}{\sum\frac{1}{x}}$
D. 经常作为算术平均数的变形使用
E. 已知分配数列各组标志值及其标志总量，可用调和平均法计算平均数

8. 平均差与标准差的相同点是（　）。
A. 受极端数值的影响小
B. 以平均数为标准测定变量值的离散程度
C. 计算公式有简单式和加权式两种
D. 对正负离差综合平均的方法相同
E. 把所有变量值都考虑在内

9. 加权算术平均数的大小（　）。
A. 受各组频数和频率的影响　B. 受各组标志值大小的影响
C. 受各组标志值和权数的共同影响　D. 只受各组标志值大小的影响

E. 只受权数大小的影响

10. 中位数和众数（　）。

A. 都不是平均数　　B. 都是代表值

C. 都是位置平均数　　D. 都不受极端数值的影响

E. 都易受极端数值的影响

11. 当偏态系数 $SK=2$，此时数据（　）。

A. 呈右偏分布　　B. 呈左偏分布　　C. $\bar{x}>M_e>M_0$　　D. $\bar{x}=M_e=M_0$

E. $\bar{x}<M_e<M_0$

12. 比较两组工作成绩发现 $\sigma_{甲}>\sigma_{乙}$，$\bar{x}_{甲}<\bar{x}_{乙}$，由此可推断（　）。

A. 乙组平均数的代表性高于甲组　　B. 甲组平均数的代表性高于乙组

C. 乙组的工作均衡性好于甲组　　D. 甲组的工作均衡性好于乙组

E. 甲组的标志变动度比乙组大

13. 下列标志变异指标用有名数表示的有（　）。

A. 全距　　B. 平均差　　C. 标准差　　D. 平均差系数

E. 标准差系数

### 五、简答题

1. 什么是平均指标？其特征如何？作用如何？
2. 权数对加权算术平均数起何作用？
3. 什么是标准差系数？为什么要计算标准差系数？
4. 正确运用平均指标应该遵循哪些原则？
5. 简述标志变异指标的意义和作用。
6. 什么是偏度和峰度？如何测定偏度和峰度？
7. 算术平均数的数学性质有哪些？
8. 简述平均指标和强度相对指标的区别。

## 综合分析与计算

1. 某班学生按年龄分组资料如下，根据资料计算该班学生的平均年龄。（用两种公式计算）

| 年龄/岁 | 学生数/人 | 学生比重/% |
|---|---|---|
| 18 | 6 | 15 |
| 19 | 10 | 25 |
| 20 | 14 | 35 |
| 21 | 8 | 20 |
| 22 | 2 | 5 |
| 合计 | 40 | 100 |

2. 某油田某年石油产量计划完成程度如下，试求该油田的平均计划完成程度。

| 采油部门 | 计划完成/% | 实际产量/万吨 |
|---|---|---|
| 第一采油部 | 107.5 | 1 032 |
| 第二采油部 | 98.4 | 738 |
| 第三采油部 | 102.0 | 561 |

3. 某批产品的生产要经过三道工序，且要经过三次检验，第一次检验合格率为95%，第二次检验合格率为96%，第三次检验合格率为98%，求三道工序的平均合格率。

4. 某项银行贷款期限为10年，年息按复利计算，年利率及有关资料如下表所示：

| 年利率/% | 年数/年 |
|---|---|
| 6 | 2 |
| 7 | 5 |
| 8 | 2 |
| 9 | 1 |
| 合计 | 10 |

求该项贷款的平均年利率。

5. 某管理局所属企业工人的工资资料如下表所示：

| 工人工资/元 | 企业数/家 | 工人比重/% |
|---|---|---|
| 1 400 ~ 1 500 | 3 | 20 |
| 1 500 ~ 1 600 | 6 | 25 |
| 1 600 ~ 1 700 | 4 | 30 |
| 1 700 ~ 1 800 | 4 | 15 |
| 1 800 以上 | 5 | 10 |

求该局工人的平均工资，并指出哪个指标是适宜的权数？

6. 某市对 800 户居民家庭人均月消费性支出的情况进行调查，资料如下，计算 800 户居民家庭人均月消费性支出的算术平均数、中位数、众数。

| 人均月消费性支出/元 | 家庭数/户 |
| --- | --- |
| 600 ~ 800 | 20 |
| 800 ~ 1 000 | 50 |
| 1 000 ~ 1 200 | 80 |
| 1 200 ~ 1 400 | 350 |
| 1 400 ~ 1 600 | 180 |
| 1 600 ~ 1 800 | 120 |
| 合计 | 800 |

7. 甲班组 5 名工人工资分别为 500、600、800、1 000、1 100 元，乙班组 5 名工人工资分别为 400、600、800、1 000、1 200 元。试用标准差比较两班组平均工资代表性大小。

8. 甲班 40 名同学平均身高为 171 厘米，平均差为 8. 5 厘米；乙班身高资料：

| 身高/厘米 | 人数/人 |
| --- | --- |
| 150 ~ 160 | 5 |
| 160 ~ 170 | 11 |
| 170 ~ 180 | 19 |
| 180 ~ 190 | 5 |
| 合计 | 40 |

比较两班平均身高的代表性。

9. 甲班 40 名同学平均身高 171 厘米，标准差为 10 厘米，乙班身高资料同上题。比较两班平均身高的代表性。

10. 如上题中甲班平均身高为 173 厘米，其余条件均不变。请比较两班平均身高的代表性大小。

# 第六章 时间数列

## 重点与难点解析

### 一、时间数列的意义

#### （一）概念和构成

时间数列又称动态数列，是指某社会经济现象在不同时间上的一系列统计指标值按时间先后顺序加以排列后形成的数列。一个时间数列由两部分构成：一是现象所属的时间；二是现象在不同时间上的指标数值。

#### （二）时间数列的种类

总量指标时间数列（又称绝对数时间数列）是将总量指标在不同时间上的数值按时间先后顺序排列形成的数列。它反映的是现象在一段时间内达到的绝对水平及增减变化情况。总量指标时间数列又可分为时期数列和时点数列。

所谓时期数列是指由时期指标构成的数列，即时期数列是反映社会经济现象在一段时间内发展过程的总量。时期数列具有以下特点：

（1）时期数列中的各个指标数值是可以相加的。

（2）时期数列中，每个指标数值的大小与时期长短有直接关系。

（3）时期数列各指标值具有连续统计的特点。

所谓时点数列是指由时点指标构成的数列，即时点数列是反映社会经济现象在某一时刻的总量。时点数列具有以下特点：

（1）时点数列中各个指标数值是不能直接相加的。

（2）时点数列中每个指标数值大小和时点间隔长短没有直接关系。

（3）时点数列各指标值不具有连续统计的特点。

### 二、时间数列分析指标

#### （一）发展水平

发展水平又称发展量，它是时间序列中各个时间上具体的指标数值，它反映社会经济现象在各个时期所达到的规模和发展的程度。发展水平可以是总量指标、相对指标和平均指标，它是表明现象发展变化的重要分析指标，是计算其他时间数列分析指标的基础，一般用英文小写字母 $a$ 表示。

根据在时间数列中的位置不同，发展水平有最初水平、中间水平和最末水平之分。把时间数列中的第一个指标数值叫最初水平，最后一个指标数值叫最末水平，其余各个指标数值叫中间水平。

根据统计研究的目的和要求不同，发展水平又可以分为报告期水平和基期水平。报告期水平是指所要研究的那个时间状况下的发展水平，基期水平是指要用来作为比较的那个时间状况下的发展水平。

**（二）平均发展水平**

1. 概念

平均发展水平又称序时平均数或动态平均数，是时间数列中不同时间发展水平的代表值，它是根据时间数列各个时间上的发展水平加以平均计算的平均数，用以表明现象发展水平在不同时间上变动的一般水平。

2. 序时平均数与一般平均数的区别

序时平均数和一般平均数既有共同之处，也有区别。它们的相同之处是两者都是将现象的个别数量差异抽象化，反应现象在数量上达到的一般水平。两者的区别在于，序时平均数是根据时间序列计算的，所平均的是现象在不同时间上的数量表现，从动态上说明现象在某一段时间内的一般水平；而静态平均数是根据变量数列计算的，所平均的是同一时间总体各单位标志值的数量表现，从静态上说明总体在某一时间条件下的一般水平。

3. 序时平均数的计算方法

由于时间数列分为绝对数时间数列、相对数时间数列和平均数时间数列三种，故根据时间数列计算序时平均数的方法也分为三种情况。

绝对数时间数列序时平均数的计算方法是最基本的，它是计算相对数或平均数时间数列序时平均数的基础。由于绝对数时间数列分为时期数列和时点数列，其序时平均的方法也不同。

（1）依据时期数列计算序时平均数。由于时期数列的时间间隔要求相等，数列中的各项指标数值可以相加，所以计算序时平均数可用简单算术平均数的方法。其计算公式为：

$$\bar{a} = \frac{\sum a}{n}$$

（2）依据时点数列计算序时平均数。时点数列可分为连续时点数列和间断时点数列两种。根据掌握资料的不同，计算序时平均数所采用的方法也不同。

1）由连续时点数列计算序时平均数

连续时点数列又分为两种情况：

第一种情况，如果时点数列是逐日登记又逐日排列的，则可用简单算术平均法计算，其计算公式与时期数列序时平均数的计算公式相同，但指标时态不同。即：

$$\bar{a}=\frac{\sum a}{n}$$

第二种情况，如果时点数列的资料不是逐日提供，而只提供发生变动时的资料，则可用加权算术平均法计算。其计算公式为：

$$\bar{a}=\frac{\sum af}{\sum f}$$

2）由间断时点数列计算序时平均数

间隔相等的间断时点数列，采用“首末折半法”。其计算公式为：

$$\bar{a}=\frac{\frac{1}{2}a_1+a_2+a_3+\cdots+a_{n-1}+\frac{1}{2}a_n}{n-1}$$

间隔不等的间断时点数列，可用各个间隔的长度为权数，对各相应时点的平均值进行加权平均，求得序时平均数。其计算公式为：

$$\bar{a}=\frac{\frac{a_1+a_2}{2}t_1+\cdots+\frac{a_{n-1}+a_n}{2}t_{n-1}}{\sum t}$$

（3）由相对数或平均数时间数列计算序时平均数。如果以 $c$ 表示相对数或平均数时间数列的各项指标数值，$a$ 表示形成相对数或平均数时间数列的分子数列，$b$ 表示形成相对数或平均数时间数列的分母数列，则其计算公式为：

$$\bar{c}=\frac{\bar{a}}{\bar{b}}$$

**（三）增长量和平均增长量**

增长量是时间数列中报告期水平与基期水平之差，说明社会经济现象在一定时期内增长（或减少）的绝对量。增长量由于所选基期的不同，可分为逐期增长量和累积增长量。

逐期增长量与累积增长量之间存在一定的关系：各逐期增长量的和等于相应时期的累积增长量；两相邻时期累积增长量之差等于相应时期的逐期增长量。

平均增长量是时间数列中各逐期增长量的序时平均数，它表明现象在一定时期内平均每期增加（或减少）的绝对数量。其计算公式为：

$$\text{平均增长量}=\frac{\text{逐期增长量之和}}{\text{逐期增长量个数}}=\frac{\text{累积增长量}}{\text{时间数列项数}-1}=\frac{a_n-a_1}{n-1}$$

**（四）发展速度和增长速度**

发展速度是反映社会经济现象在时间上变动程度的相对数。它是将报告期水平与基期水平相比较而计算的动态相对数，用来表示某一事物在这段对比时期内发展变化的方向和程度，分析研究事物发展变化规律，一般用百分数或倍数表示。其计算公式为：

$$发展速度 = \frac{报告期水平}{基期水平}$$

发展速度根据采用的基期水平不同，可分为环比发展速度和定基发展速度。环比发展速度和定基发展速度之间存在着密切的数量关系，即，各期环比发展速度的连乘积等于相应时期的定基发展速度；两个相邻的定基发展速度的比率等于相应时期的环比发展速度。

### （五）平均速度的计算及预测

1. 平均速度的概念

平均速度是平均发展速度和平均增长速度的总称。平均发展速度是各个时期环比发展速度的序时平均数，反映社会经济现象在较长时期内逐年平均发展变化的程度。

平均增长速度也叫平均递增速度，是现象在各个时期的环比增长速度的序时平均数，用以反映现象在一个较长的时间内逐期递增或递减的平均速度。

2. 平均发展速度的计算

计算平均发展速度的方法主要有两种，即几何平均法和方程式法。

（1）几何平均法。平均发展速度 $\overline{X}$ 的计算公式为：

$$\overline{X} = \sqrt[n]{\prod x} = \sqrt[n]{\frac{a_n}{a_0}} = \sqrt[n]{R}$$

利用上述公式，可以计算平均发展速度指标，也可以进行经济预测。

$$平均增长速度 = 平均发展速度 - 1$$

（2）方程式法。在实践中，如果长期计划按累计法制定，则要求用方程式法计算平均发展速度，按此速度发展，可保证计划期内各期发展水平的累计达到计划规定的总数，所以方程式法也称为“累计法”。其基本算式为

$$\overline{X} + \overline{X}^2 + \overline{X}^3 + \cdots + \overline{X}^n = \frac{\sum_{i=1}^{n} a_i}{a_0}$$

## 三、时间数列分析方法

### （一）时间数列变动的影响因素

影响时间数列水平高低和波动的因素很多，有些属于基本因素，有些属于偶然因素，把这些因素归纳起来，主要有四类：长期趋势、季节变动、循环变动和不规则变动。

1. 长期趋势（$T$）

长期趋势是指现象在一段较长的时间内，由于普遍的、持续的、决定性的基本因素的作用，使发展水平沿着一个方向，逐渐向上或向下变动的趋势。

2. 季节变动（$S$）

季节变动是指现象受季节的影响而发生的变动，其变动特点是，在一年或更

短的时间内随着时序的更换，使现象呈周期重复的变化。

3. 循环变动（$C$）

循环变动是指现象发生周期比较长的涨落起伏变动，是社会经济发展中的一种近乎规律性的盛衰交替变动。其成因比较复杂，周期在一年以上，长短不一。

4. 不规则变动（$I$）

不规则变动是指现象除了受以上各种变动的影响以外，还受临时的、偶然因素或不明原因而引起的非周期性、非趋势性的随机变动。

**（二）长期趋势的测定方法**

长期趋势的测定，就是用一定的方法对时间数列进行修匀，使修匀后的数列能排除季节变动、循环变动和不规则变动因素的影响，显示出现象变动的基本趋势，作为预测和决策的依据。长期趋势的测定方法主要有时距扩大法、移动平均法和数学模型法。

**（三）用最小平方法拟合直线方程并进行预测**

设直线方程为：$y_c = a + bt$ 则有方程组

$$\begin{cases} a = \dfrac{1}{n}(\sum y - b\sum t) = \bar{y} - b\bar{t} \\ b = \dfrac{n\sum yt - \sum t\sum y}{n\sum t^2 - (\sum t)^2} \end{cases}$$

若设 $\sum t = 0$，则有方程组

$$\begin{cases} a = \dfrac{\sum y}{n} = \bar{y} \\ b = \dfrac{\sum yt}{\sum t^2} \end{cases}$$

解得两个参数 $a$，$b$ 值即得直线方程，根据求得的直线方程可以进行经济预测。

## 知识检测

**一、填空题**

1. 时间数列的两个构成要素是________和________。

2. 时间数列按其指标的表现形式的不同，可分为________、________和________三种，其中________是基本时间数列。

3. 绝对数时间数列按指标反映时间状况的不同，可分为________与________。

4. 时间数列编制的原则是________一致；________一致；________一致；________一致。

5. 时间数列动态分析指标包括两大类，一类为________指标，另一类为

________指标。

6. 常用的速度指标有________、________、________和________。

7. 平均发展速度的计算有________和________两种方法。

8. 发展速度和增长速度是对社会经济现象进行动态分析的________指标。

9. 平均发展速度是一定时期内各期环比________的序时平均数。

10. 时间序列的模型有________和________。

11. 最小二乘法可以拟合________趋势模型和________趋势模型。

12. 分析时间数列的趋势模型可以采用简捷法计算，其基本思想是使________=0。

13. 季节变动的特点是反映季节周期不大于________年的现象变动。

14. 定基增长速度是________与________之比。

**二、判断题**

1. 累计增长量等于逐期增长量之和。(　)

2. 时期数列中每个指标数值的大小和它所对应时期的长短有直接关系。(　)

3. 时点数列中，各个时点的指标值可以相加。(　)

4. 编制时间数列时，各指标的经济内容可以不一致。(　)

5. 相邻两项的累积增长量之差等于相应的逐期增长量。(　)

6. 间隔相等的间断时点数列序时平均数的计算采用“首末折半简单算术平均法”。(　)

7. 相对数时间数列求序时平均数时，根据所给数列简单平均即可。(　)

8. 定基发展速度等于相应时期内各个环比发展速度的连乘积。(　)

9. 两个相邻的定基发展速度相除可得最初水平。(　)

10. 平均发展速度是将各期环比发展速度简单平均而得的。(　)

11. 分析季节变动的主要方法是计算季节比率。(　)

12. 季节变动的特点是反映季节周期不大于一季的现象变动。(　)

13. 移动平均项数 $N$ 的确定，如果 $N$ 取的大，则修匀作用较弱，如果 $N$ 取的小，则修匀作用较强。(　)

14. 在平均发展速度的两种基本算法中，几何平均法侧重考察现象的整个发展过程，而高次方程法侧重考察现象最末期的发展水平。(　)

15. 构成时间数列的因素按它们的性质和作用，可以分为长期趋势、季节变动、循环变动和不规则变动。(　)

**三、单项选择题**

1. 时间数列中每个指标数值可以相加的是（　）。

A. 相对数时间数列　　B. 时期数列

C. 平均数时间数列　　D. 时点数列

2. 静态平均数和动态平均数的共同点是（　）。

A. 两者都是反应现象的一般水平
B. 都可消除现象在时间上波动的影响
C. 都是反映同一总体的一般水平
D. 共同反映同质总体在不同时间上的一般水平

3. 商品销售额时间数列是（　）。
A. 时期指标时间数列　　B. 时点指标时间数列
C. 相对数时间数列　　D. 平均数时间数列

4. 已知环比增长速度求总增长速度的方法是（　）。
A. 各环比增长速度相乘
B. 各环比增长速度相加
C. 各环比增长速度相除
D. 各环比增长速度还原为环比发展速度连乘后减去 1

5. 某企业今年 3 月份销售额与去年 3 月份的销售额对比的指标是（　）。
A. 定基发展速度　　B. 环比发展速度
C. 平均发展速度　　D. 年距发展速度

6. 用移动平均法修匀时间数列，移动时距的长短首先应该考虑（　）。
A. 选择奇数项　　B. 选择偶数项
C. 选择较长的项数　　D. 现象的周期性变动

7. 累计增长量等于相应的各个逐期增长量（　）。
A. 之差　　B. 之商　　C. 之积　　D. 之和

8. 增长 1% 的绝对值应采用下列计算公式中的（　）。
A. 本期发展水平/100　　B. 前期发展水平/100
C.（本期水平－前期水平）/100　　D. 本期水平 ×1%

9. 已知各期环比增长速度为 8.1%、9.8%、10.6%、7.5%，则定基增长速度是（　）。
A. 8.1% ×9.8% ×10.6% ×7.5%
B.（8.1% ×9.8% ×10.6% ×7.5%）－1
C. 108.1% ×109.8% ×110.6% ×107.5%
D.（108.1% ×109.8% ×110.6% ×107.5%）－1

10. 平均增长量是（　）。
A. 各逐期增长量的序时平均数
B. 各累计增长量的序时平均数
C. 逐期增长量之和除以时间数列的项数
D. 累计增长量之差除以累计增长量的项数

11. 应用几何平均法计算平均发展速度主要是因为（　）。
A. 几何平均法计算简单

B. 各期环比发展速度之积等于总速度

C. 各期环比发展速度之和等于总速度

D. 它和社会现象平均速度形成的客观过程一致

12. 已知某企业前 6 年的平均增长速度为 15%，后 4 年的平均增长速度为 19%，计算这十年的平均增长速度应采用的方法是（　）。

A. $\sqrt[10]{0.15 \times 0.19}$　　B. $\sqrt[10]{1.15 \times 1.19} - 1$

C. $\sqrt[10]{(1.15)^6 \times (1.19)^4}$　　D. $\sqrt[10]{(1.15)^6 \times (1.19)^4} - 1$

13. 下列数列属于时间数列数据的是（　）。

A. 2010 年我国的国内生产总值　　B. 2010 年底我国的人口总数

C. 2001—2010 年我国的国民收入　　D. 2010 年 7 月我国的进出口额

14. 一个时间数列有 20 年数据，若以四年移动平均，将会损失（　）。

A. 四个数据　　B. 两个数据　　C. 三个数据　　D. 不损失数据

15. 用最小平方法拟合直线方程时，观察值 $y$ 与趋势值 $y_c$ 必须满足的一个基本条件是（　）。

A. $\sum (y - y_c) =$ 最大值　　B. $\sum (y - y_c) =$ 最小值

C. $\sum (y - y_c)^2 =$ 最大值　　D. $\sum (y - y_c)^2 =$ 最小值

16. 如果时间数列的逐期增长量大致相同，则适宜拟合（　）。

A. 直线方程　　B. 抛物线方程　　C. 指数线方程　　D. 双曲线方程

17. 若时间数列的二级增长量大致相同，可拟合（　）。

A. 直线方程　　B. 抛物线方程　　C. 指数线方程　　D. 双曲线方程

**四、多项选择题**

1. 时间数列按统计指标的表现形式可分为（　）。

A. 时期数列　　B. 时点数列

C. 绝对数时间数列　　D. 平均数时间数列

E. 相对数时间数列

2. 编制时间数列的基本原则是（　）。

A. 指标数值时间长短应该一致　　B. 总体范围应该前后一致

C. 各项指标的计算方法，计算价格和计量单位应当一致

D. 指标的经济内容应当一致　　E. 指标值的变化幅度应当前后一致

3. 时期数列的特点是（　）。

A. 数列中各项指标值不能相加

B. 数列中各项指标值可以相加

C. 数列中各项指标值的大小与所属时期的长短直接有关

D. 数列中各项指标值的大小与所属时间长短无关

E. 数列中各项指标值通常是采用连续登记取得的

4. 定基发展速度与环比发展速度的数量关系是（　）。
A. 定基发展速度等于相应的环比发展速度的连乘积
B. 两个相邻的定基发展速度之商等于相应的环比发展速度
C. 定基发展速度与环比发展速度的基期一致
D. 定基发展速度等于相应的环比发展速度之和
E. 定基发展速度等于相应的环比发展速度之差
5. 以下各数列中属于时点数列的是（　）。
A. 某企业的历年年末职工人数
B. 某商业企业的历年年末商品库存额
C. 某商店各月销售额
D. 某地各月储蓄存款余额
E. 某企业某年各月产值
6. 相对数时间数列可以是（　）。
A. 两个时期数列之比
B. 两个时点数列之比
C. 一个时期数列和一个时点数列之比
D. 两个单项数列之比
E. 两个组距数列之比
7. 时间数列中的速度指标主要有（　）。
A. 定基发展速度和环比发展速度
B. 定基增长速度和环比增长速度
C. 各环比发展速度的序时平均数
D. 各环比增长速度的序时平均数
E. 平均增长量
8. 时间数列的发展水平具体包括（　）。
A. 期初水平和期末水平
B. 报告期水平和基期水平
C. 中间水平
D. 平均发展水平
E. 增长量
9. 下列社会经济现象属于时期数列的有（　）。
A. 某商店各月商品库存额
B. 某商店各月商品销售额
C. 某高校历年招生人数
D. 某高校历年毕业生人数
E. 某高校历年年末在校生人数
10. 序时平均数是（　）。
A. 指标在时间上的平均数
B. 标志在单位上的平均数
C. 静态平均数
D. 动态平均数
E. 平均发展水平
11. 用水平法计算平均发展速度（　）。
A. 测重考察现象最末一期的发展水平
B. 测重考察现象各个时期的发展水平
C. 可以反映中间水平的发展变化
D. 不能反映中间水平的发展变化

**五、简答题**

1. 简述时间数列构成要素及其分类，编制动态数列应注意什么问题？
2. 时间数列和变量数列有何异同？

3. 时期数列和时点数列各有什么特点?

4. 序时平均数与静态平均数有何异同?

5. 为什么要注意速度指标与水平指标的结合应用?其结合起来的具体指标是什么?

6. 用水平法与累积法计算平均发展速度有何异同?二者各自应用的条件是什么?

7. 什么是长期趋势?为什么要测定长期趋势?

8. 简述累计增长量与逐期增长量、定基发展速度与环比发展速度之间的关系。

9. 如何用最小平方法测定长期趋势?

10. 什么是季节变动?如何测定季节变动?

## 综合分析与计算

1. 某企业 2019 年四个季度的销售额资料如下表所示:

单位:万元

| 时间 | 第一季度 | 第二季度 | 第三季度 | 第四季度 |
|---|---|---|---|---|
| 销售额 | 450 | 400 | 480 | 700 |

要求:计算该企业 2019 年各季度平均销售额。

2. 某企业某年一月份职工人数变动情况如下表所示:

单位:人

| 时间 | 1 日 | 9 日 | 15 日 | 31 日 |
|---|---|---|---|---|
| 职工人数 | 38 | 45 | 30 | 25 |

要求:计算该企业一月份平均职工人数。

3. 我国城乡居民人民币年底储蓄存款余额资料如下表所示:

单位:亿元

| 时间 | 2015 年年末 | 2016 年年末 | 2017 年年末 | 2018 年年末 | 2019 年年末 |
|---|---|---|---|---|---|
| 储蓄存款余额 | 303 302 | 826 701 | 943 102 | 1 070 588 | 1 173 735 |

要求:计算我国 2015—2019 年期间人民币储蓄存款平均余额。

4. 某商场 2019 年商品库存额资料如下表所示：

单位：万元

| 时间 | 1 月 1 日 | 3 月 15 日 | 6 月 30 日 | 10 月 15 日 | 12 月 31 日 |
| --- | --- | --- | --- | --- | --- |
| 商品库存额 | 1 038.6 | 1 042.4 | 1 036.2 | 1 038.0 | 1 044.8 |

要求：计算该商场 2019 年的平均商品库存额。

5. 某企业总产值和职工人数资料如下表所示：

**某企业总产值和职工人数统计表**

| 月　份 | 3 月 | 4 月 | 5 月 | 6 月 |
| --- | --- | --- | --- | --- |
| 总产值/万元 | 1 150 | 1 170 | 1 300 | 1 370 |
| 月末职工人数/千人 | 6.5 | 6.8 | 7.0 | 7.2 |

要求：计算该企业第二季度全员劳动生产率。

6. 某企业各年职工人数中女职工所占比重资料如下表所示：

**某企业各年职工人数、女职工所占比重统计表**

| 时间 | 2016 年年末 | 2017 年年末 | 2018 年年末 | 2019 年年末 |
| --- | --- | --- | --- | --- |
| 女职工比重/% | 20 | 16 | 20 | 25 |
| 女职工人数/人 | 100 | 96 | 108 | 155 |
| 全部职工人数/人 | 500 | 600 | 540 | 620 |

要求：计算该企业 2016—2019 年平均每年的女职工比重。

7. 某公司第四季度的有关资料如下表所示：

单位：万元

| 时间 | 9 月 | 10 月 | 11 月 | 12 月 |
| --- | --- | --- | --- | --- |
| 商品销售额 | 100 | 110 | 120 | 130 |
| 月末商品库存额 | 36 | 38 | 42 | 144 |
| 流通费用额 | 10.8 | 9.8 | 9.8 | 9.5 |

要求：根据资料计算

（1）第四季度平均销售额和平均库存额。

（2）各月商品流转次数和商品流通费用率。

（3）第四季度商品流转次数和商品流通费用率。

8. 某地区某种产品 2014—2019 年的部分产量资料如下表所示：

**某地区某种产品 2014—2019 年的部分产量统计表**

| 年份 | 产量/万吨 | 环比动态指标 | | | |
|---|---|---|---|---|---|
| | | 增长量/万吨 | 发展速度/% | 增长速度/% | 增长 1% 的绝对值/万吨 |
| 2014 | 353 | | | | |
| 2015 | | 24 | | | |
| 2016 | | | 106. 1 | | |
| 2017 | | | | 7. 25 | |
| 2018 | | | | | |
| 2019 | | 32 | | | 4. 59 |

要求：填上表中所缺的数字。

9. 2014 年甲地区国内生产总值为 6. 75 亿元，乙地区国内生产总值为 10. 25 亿元，第十三个五年计划期间，乙地区总发展速度为 213. 68%。如果甲地区在 2019 年已经赶上乙地区。要求计算甲地区平均每年的增长速度是多少？（不考虑价格变动因素）

10. 某地区社会总产值资料如下表所示：

**某地区社会总产值统计表**

| 年份 | 社会总产值/亿元 |
|---|---|
| 2015 | 400 |
| 2016 | 480 |
| 2017 | 570 |
| 2018 | 670 |
| 2019 | 790 |

要求：用最小平方法拟合社会总产值的趋势直线方程；并预测 2022 年该地区的社会总产值。

11. 某地 2017—2019 年农贸市场某种商品各季成交量资料如下表所示：

**某地 2017—2019 年农贸市场某种商品各季成交量统计表**

单位：吨

| 年份 | 一季度 | 二季度 | 三季度 | 四季度 |
|---|---|---|---|---|
| 2017 | 156 | 134 | 105 | 154 |
| 2018 | 170 | 146 | 116 | 174 |
| 2019 | 192 | 166 | 130 | 194 |

要求：用按季平均法和趋势剔除法测定该商品成交量的季节变动，并对两种方法测定的结果进行比较分析。

# 第七章 统计指数

## 重点与难点解析

### 一、指数的概念及种类

1. 指数的概念

广义指数是指各种统计相对数；狭义指数是反映不能直接相加的多因素组成的复杂现象总体的综合变动的相对数。狭义指数定义中的“复杂现象总体”，是指由许多计量单位不同或性质各异的事物组成的数量上不能直接加总的总体。

2. 指数的种类

按照不同的分类角度，指数可以有多种不同的分类。

（1）按指数计算的范围不同，指数可以分为个体指数和总指数。

（2）按指数化指标的性质不同，指数分为数量指标指数和质量指标指数。

（3）按指数在指数数列中所采用的基期不同，可分为定基指数和环比指数。

### 二、综合指数

1. 综合指数的概念

综合指数是总指数基本的编制方法，也是其重要的形式。它是由两个总量指标对比形成的指数。凡是一个总量指标可以分解为两个或两个以上的因素指标时，将其中一个或一个以上的因素指标固定下来，仅观察其中一个因素指标变动的程度，这样的总指数就叫综合指数。编制综合指数的目的在于综合测定由不同度量单位的许多商品或产品所组成的复杂现象总体数量方面的总动态。

2. 综合指数的编制方法

（1）数量指标指数：$\overline{K}_q = \dfrac{\sum q_1p_0}{\sum q_0p_0}$

（$\sum q_1p_0 - \sum q_0p_0$）说明由于销售量指标的变动对销售额绝对值的影响。

（2）质量指标指数：$\overline{K}_p = \dfrac{\sum p_1q_1}{\sum p_0q_1}$

（$\sum p_1q_1 - \sum p_0q_1$）说明由于价格指标的变动对销售额绝对值的影响。

## 三、平均数指数

1. 平均数指数的概念

平均数指数是总指数计算的另一种重要形式，从编制方法上看，平均数指数是个体指数的平均数。

2. 平均数指数的编制方法

（1）加权算术平均数指数。

$$\overline{K}_q = \frac{\sum K_q q_0 p_0}{\sum q_0 p_0} \qquad (K_q = \frac{q_1}{q_0})$$

（2）加权调和平均数指数。

$$\overline{K}_p = \frac{\sum p_1 q_1}{\sum \frac{p_1 q_1}{K_p}} \qquad (K_p = \frac{p_1}{p_0})$$

（3）固定权数的平均数指数。

数量指标指数：$\overline{K}_q = \frac{\sum K_q \times w}{\sum w} \qquad (K_q = \frac{q_1}{q_0})$

质量指标指数：$\overline{K}_p = \frac{\sum K_p \times w}{\sum w} \qquad (K_p = \frac{p_1}{p_0})$

## 四、指数体系与因素分析

### （一）指数体系

指数体系是指一系列相互联系的指数所形成的整体。指数体系中的各个指数在数量上有着密切的关系。

### （二）因素分析

因素分析是在建立指数体系的基础上进行的，它是一种借助指数体系来分析现象变动中各种因素的变动对总体数量变动影响程度的统计分析方法。

1. 综合指数体系

（1）总量指标的两因素分析。

相对数变动分析：$\frac{\sum q_1 p_1}{\sum q_0 p_0} = \frac{\sum q_1 p_0}{\sum q_0 p_0} \times \frac{\sum q_1 p_1}{\sum q_1 p_0}$

绝对数变动分析：$\sum q_1 p_1 - \sum q_0 p_0 = (\sum q_1 p_0 - \sum q_0 p_0) + (\sum q_1 p_1 - \sum q_1 p_0)$

（2）总量指标的多因素分析。

相对数变动分析：$\dfrac{\sum q_1m_1p_1}{\sum q_0m_0p_0}=\dfrac{\sum q_1m_0p_0}{\sum q_0m_0p_0}\times\dfrac{\sum q_1m_1p_0}{\sum q_1m_0p_0}\times\dfrac{\sum q_1m_1p_1}{\sum q_1m_1p_0}$

绝对数变动分析：

$$\sum q_1m_1p_1-\sum q_0m_0p_0=(\sum q_1m_0p_0-\sum q_0m_0p_0)+(\sum q_1m_1p_0-\sum q_1m_0p_0)+(\sum q_1m_1p_1-\sum q_1m_1p_0)$$

2. 平均指标指数体系

相对数变动分析：可变构成指数＝结构变动指数×固定构成指数

$$\frac{\sum x_1f_1}{\sum f_1}\div\frac{\sum x_0f_0}{\sum f_0}=\left(\frac{\sum x_1f_1}{\sum f_1}\div\frac{\sum x_0f_1}{\sum f_1}\right)\times\left(\frac{\sum x_0f_1}{\sum f_1}\div\frac{\sum x_0f_0}{\sum f_0}\right)$$

绝对数变动分析：

$$\frac{\sum x_1f_1}{\sum f_1}-\frac{\sum x_0f_0}{\sum f_0}=\left(\frac{\sum x_1f_1}{\sum f_1}-\frac{\sum x_0f_1}{\sum f_1}\right)+\left(\frac{\sum x_0f_1}{\sum f_1}-\frac{\sum x_0f_0}{\sum f_0}\right)$$

## 知识检测

### 一、填空题

1. 反映由许多不能直接相加或不能直接对比的要素所组成的复杂现象总体在不同时期数量上的综合变动程度的一种特殊相对数，即____________。

2. 统计指数按计算范围不同，可分为________和________。

3. 统计指数按指数化指标的性质不同，可分为________和________。

4. 在指数数列中所采用的基期不同，统计指数可分为________和________。

5. 按照一般原则：编制质量指标综合指数时，应以________期的数量指标作为同质量因素；编制数量指标综合指数时，应以________期的质量指标作为同度量因素。

6. 加权平均数指数有________、________和________三种。

7. 作为综合指数变形的加权算术平均数指数的权数是________；加权调和平均数指数的权数是________。

8. 指数体系中，总量指数等于各因素指数的________；总量的变动差额等于相应各因素指数变动差额________。

9. 某种商品的价格今年比去年上涨10%，销售量下降8%，则该商品销售额增减百分比为________。

10. 总指数的计算形式有________指数和________指数。

11. 用综合法编制的指数，都由两个因素构成，一个是________因素，另一个是________因素。

12. 综合指数与平均数指数既有区别又有联系，两者的联系在于，在一定________条件下，两类指数间存在着变形关系。

**二、判断题**

1. 从指数化指标的性质来看，单位成本指数是数量指标指数。（ ）

2. 计算综合指数时，为了解决总体各要素的量不能直接相加而使用的媒介因素，叫同度量因素。（ ）

3. 已掌握各种商品的销售量个体指数以及各种商品的基期销售额资料，计算销售量总指数应采用加权算术平均数指数公式。（ ）

4. 某商场商品销售额报告期比基期增加了50%，销售量增加了25%，则商品价格增加了20%。（ ）

5. 为了使成本指数的计算符合现实经济意义，则编制单位成本指数的同度量因素是基期的产品产量。（ ）

6. 某商店电视机、电冰箱、电动车三种商品的销售量指数分别为106%、94%、112%，这三种商品的总销售量指数是（106% +94% +112%） ÷3 =104%。（ ）

7. 价格降低后，同样多的人民币可多购商品量15%，说明物价下降了15%。（ ）

8. 在平均指标变动因素分析中，可变构成指数是专门用以反映总体构成变化影响的指数。（ ）

9. 一般说来，质量指标指数是以数量指标为同度量因素的。（ ）

10. 在计算综合指数时，要求同度量因素时期不变。（ ）

11. 狭义指数是指反映社会经济现象变动与差异程度的相对数。（ ）

12. 在指数体系中，各指数间的关系是以相对数表现乘积关系，绝对数间的关系是以绝对量表示的加减关系。（ ）

13. 在由三个指数构成的指数体系中，两个因素指数的同度量因素指标是不同期的。（ ）

14. 如果零售物价上涨5%，那么同样多的钱只能购买到原来95%的商品了。（ ）

**三、单项选择题**

1. 编制综合指数中的数量指标指数时，其同度量因素一般固定在（ ）。

A. 报告期　　B. 基期　　C. 计划期　　D. 任何时期

2. 数量指标指数和质量指标指数的划分依据是（ ）。

A. 指数化指标的性质不同　　B. 所反映的对象范围不同

C. 编制指数的任务不同　　D. 所比较的现象特征不同

3. 某企业报告期产量比基期增长了10%，生产费用增长了8%，则其产品单位成本降低了（ ）。

A. 1.8% B. 2.2% C. 20% D. 18%

4. 数量指标综合指数$\left[\frac{q_1p_0}{q_0p_0}\right]$，变形为加权算术平均数指数时的权数是（ ）。

A. $q_1p_1$ B. $q_0p_0$ C. $q_1p_0$ D. $q_0p_1$

5. 如果生活费用指数上涨了20%，则现在1元钱（ ）。

A. 只值原来的0.8元 B. 只值原来的0.83元

C. 与原来1元钱等值 D. 无法与原来比较

6. 某工业企业生产甲、乙、丙三种产品，2019年比2018年总产值增长10%，出厂价格均不变，则产品产量指数为（ ）。

A. 101% B. 120% C. 100% D. 110%

7. 在使用基期价格作为权数计算商品销售量指数时（ ）。

A. 包含了价格变动的影响 B. 包含了价格和销售额变动的影响

C. 消除了价格变动的影响 D. 消除了价格和销售量变动的影响

8. 以$p$代表质量指标，$q$代表数量指标，下标1代表报告期，0代表基期，则质量指标综合指数的计算公式是（ ）。

A. $\frac{\sum q_1p_1}{\sum q_0p_0}$ B. $\frac{\sum q_1p_0}{\sum q_1p_1}$ C. $\frac{\sum q_1p_1}{\sum q_1p_0}$ D. $\frac{\sum q_0p_1}{\sum q_1p_1}$

9. 狭义指数是反映何种总体数量变动的相对数?（ ）

A. 有限总体 B. 无限总体 C. 复杂总体 D. 简单总体

10. 综合指数是（ ）。

A. 对简单总体计算的一种相对数 B. 平均数指数的变形应用

C. 编制总指数的唯一方法 D. 总指数的基本形式

11. 平均指标指数是反映（ ）。

A. 总量指标变动的 B. 物价变动的

C. 相对指标变动的 D. 平均指标变动的

12. 若物价上涨，销售额持平，则销售量指数（ ）。

A. 为0 B. 降低 C. 增长 D. 不变

13. 研究各级别工人人数结构的变动对全体工人平均工资变动的影响程度时，应按下面哪个指数公式计算?（ ）

A. $\frac{\sum x_1f_1}{\sum f_1}/\frac{\sum x_0f_0}{\sum f_0}$ B. $\frac{\sum x_0f_1}{\sum f_1}/\frac{\sum x_0f_0}{\sum f_0}$

C. $\frac{\sum \frac{x_1}{x_0}x_0f_0}{\sum x_0f_0}$ D. $\frac{\sum x_1f_1}{\sum x_0f_0}$

14. 已知可变构成指数为 134.2%，结构影响指数为 96.3%，则固定构成指数为（　）。

A. 139.3%　　B. 129.73%　　C. 71.76%　　D. 39.36%

15. 销售量综合指数 $\frac{\sum p_0q_1}{\sum p_0q_0}$，表示（　）。

A. 价格水平不变的条件下，销售量综合变动的程度

B. 在报告期价格的条件下，销售量综合变动的程度

C. 综合反映多种商品物价变动程度

D. 综合反映商品销售额变动程度

16. 综合指数与加权平均数指数的关系在于（　）。

A. 在一般条件下，两类指数间有变形关系

B. 在权数固定的条件下，两类指数间有变形关系

C. 在一定的权数条件下，两类指数间有变形关系

D. 在一定同度量因素条件下，两类指数间有变形关系

17. 在掌握基期商品销售额和几种商品的个体物量指数资料的条件下，要确定商品物量的总变动，宜采用（　）。

A. 综合指数　　B. 加权算术平均数指数

C. 平均指标指数　　D. 加权调和平均数指数

18. 我国的商品零售价格指数是以下列哪种形式编制的？（　）

A. 拉氏价格指数　　B. 派氏价格指数

C. 综合指数变形的平均数指数　　D. 固定权数的平均数指数

19. 销售价格综合指数 $\frac{\sum p_1q_1}{\sum p_0q_1}$ 表示（　）。

A. 综合反映多种商品销售量变动的程度

B. 综合反映多种商品销售额变动的程度

C. 报告期销售的商品，其价格综合变动的程度

D. 基期销售的商品，其价格综合变动的程度

20. 在销售量综合指数 $\frac{\sum q_1p_0}{\sum q_0p_0}$ 中，$\sum p_0q_1 - \sum p_0q_0$ 表示（　）。

A. 价格变动引起销售额变动的绝对额

B. 价格不变，销售量变动引起销售额变动的绝对额

C. 价格不变，销售量变动的绝对额

D. 销售量和价格变动引起销售额变动的绝对额

## 四、多项选择题

1. 平均数指数（　）。

A. 是个体指数的加权平均数

B. 是计算总指数的一种形式

C. 就计算方法来说是先综合后对比

D. 资料选择时，全面资料与非全面资料均可

E. 可作为综合指数的变形形式来使用

2. 某商业企业 2019 年全部商品销售量为 2018 年的 126%，则这个相对数是（　）。

A. 总指数　　B. 个体指数　　C. 销售量指数　　D. 质量指标指数

E. 数量指标指数

3. 平均指标变动因素分析的指数体系包括（　）。

A. 加权算术平均数指数　　B. 加权调和平均数指数

C. 可变构成指数　　D. 结构影响指数

E. 固定构成指数

4. 同度量因素的作用有（　）。

A. 平衡作用　　B. 权数作用　　C. 同度量作用　　D. 联系作用

E. 比较作用

5. 下列关于综合指数的正确表述有（　）。

A. 综合反映多种事物的平均变动程度

B. 两个总量指标对比的相对数

C. 固定一个或一个以上因素，反映一个因素的变动

D. 分子、分母是两个或两个以上因素乘积之和

E. 分子或分母中有一项是假定指标

6. 全社会零售商品价格指数属于（　）。

A. 个体指数　　B. 总指数

C. 数量指标指数　　D. 质量指标指数

E. 平均指标指数

7. 总指数（　）。

A. 是反映复杂社会经济现象综合变动的

B. 是一种特殊的相对数

C. 可以用综合指数或平均数指数编制

D. 是反映个别事物变动的相对数

E. 只能用综合指数编制

8. 某企业三种产品的单位成本指数为 101%，其绝对影响为 5.3 万元，这表明（　）。

A. 三种产品单位成本平均增长 1%
B. 由于产品单位成本增长使总成本增长 1%
C. 由于产品单位成本增长使总成本增加 5.3 万元
D. 由于产品单位成本增长使每件产品成本增加 5.3 万元
E. 报告期总成本比基期总成本多 5.3 万元

9. 某公司报告期产品销售额为 210 万元，比基期多 10 万元，产品出厂价格指数为 102%，则下列结果正确的有（　）。
A. 产品销售额指数为 105%
B. 产品出厂价格上升使销售额增加 4.12 万元
C. 产品销售量指数为 102.94%
D. 产品销售量上升使销售额增加 5.88 万元
E. 产品销售量指数为 101.33%

10. 编制综合指数的一般原则是（　）。
A. 数量指标指数以基期质量指标为同度量因素
B. 质量指标指数以报告期数量指标为同度量因素
C. 数量指标指数以报告期质量指标为同度量因素
D. 质量指标指数以基期数量指标为同度量因素
E. C 和 D

11. 指数的作用包括（　）。
A. 综合反映复杂现象总体数量上的变动情况
B. 分析现象总体变动中受各因素变动的影响
C. 反映现象总体各单位变量分布的集中趋势
D. 反映现象总体的总规模水平
E. 利用指数数列分析现象的发展趋势

12. 下列属于质量指标指数的是（　）。
A. 商品零售量指数　　B. 商品零售额指数
C. 商品零售价格指数　　D. 职工劳动生产率指数
E. 销售商品计划完成程度指数

13. 下列属于数量指标指数的有（　）。
A. 工业总产值指数　　B. 劳动生产率指数
C. 职工人数指数　　D. 产品总成本指数
E. 产品单位成本指数

14. 平均数指数与综合指数的区别有（　）。
A. 两者的指数化指标不同
B. 两者解决复杂总体同度量问题的思路不同
C. 两者在运用资料的条件上不同

D. 两者在经济分析中的作用不同

E. 两者计算目的完全不同

15. 加权算术平均数指数是一种（　）。

A. 平均数指数　　B. 平均指标指数

C. 综合指数　　D. 总指数

E. 个体指数的平均数

16. 某工业企业总成本 2019 年比 2018 年增加了 14%，其原因是平均成本和产量两个因素的变化，这两个因素的变动方向和程度为（　）。

A. 平均成本下降 5%　　B. 平均成本增加 4%

C. 产量增加 20%　　D. 产量增加 10%

E. 产量增加 5%

17. 某百货商场第二季度全部商品销售量为第一季度的 105%，这个指数是（　）。

A. 季节指数　　B. 比较指数　　C. 总指数　　D. 数量指标指数

E. 质量指标指数

18. 报告期数值与基期数值之比，可称为（　）。

A. 动态相对数　　B. 发展速度　　C. 增长速度　　D. 比例相对数

E. 统计指数

19. 按先数量指数、后质量指标的顺序排列，若指标 $E$ 由 $A$、$B$、$C$、$D$ 四个因素指标的积构成，则反映因素 $C$ 变动影响的两个总量指标应当是（　）。

A. 指标 1：$A_0B_0C_0D_0$　　B. 指标 2：$A_1B_0C_0D_0$

C. 指标 3：$A_1B_1C_0D_0$　　D. 指标 4：$A_1B_1C_1D_1$

E. 指标 5：$A_1B_1C_1D_0$

**五、简答题**

1. 什么是统计指数？统计指数的作用有哪些？
2. 什么是指数体系？它有何作用？
3. 什么是指数化指标？什么是同度量因素？二者有何关系？
4. 在综合指数的计算中，选取同度量因素固定时期的一般原则是什么？
5. 综合指数与平均数指标有何区别与联系？
6. 同度量因素在指数编制中有什么作用？
7. 综合指数的特点有哪些？
8. 编制平均数指数的统计资料应具备哪些条件？
9. 简要说明我国零售物价指数的编制方法。

## 综合分析与计算

1. 某工厂生产三种产品，报告期与基期的产量和价格资料如下表所示：

| 产品名称 | 计量单位 | 产量 | | 价格（元） | |
|---|---|---|---|---|---|
| | | 基期 | 报告期 | 基期 | 报告期 |
| 甲 | 件 | 25 | 30 | 15 | 10 |
| 乙 | 吨 | 40 | 50 | 25 | 30 |
| 丙 | 台 | 20 | 30 | 10 | 8 |

要求：（1）计算总产值指数及总产值增减的绝对额。

（2）计算产量总指数及由于产量的变动增减的总产值。

（3）计算价格总指数及由于价格的变动增减的总产值。

（4）利用指数体系表明上述三个指数之间的关系（相对数和绝对数）。

2. 某企业2018年、2019年生产费用及2019年产品成本降低率资料如下表所示：

| 产品名称 | 生产费用/万元 | | 单位产品成本2019年比2018年降低/% |
|---|---|---|---|
| | 2018年 | 2019年 | |
| 甲 | 8 000 | 8 200 | 4 |
| 乙 | 5 000 | 5 100 | 2 |
| 合计 | 13 000 | 13 300 | — |

根据以上资料：计算该企业单位产品指数及由于单位产品成本降低节约的生产费用。

3. 根据以下资料计算产量总指数以及由于产量变动使企业增减的产值。

| 产品名称 | 实际产值/万元 | | 2019年比2018年产量增长/% |
|---|---|---|---|
| | 2018年 | 2019年 | |
| 甲 | 200 | 240 | 25 |
| 乙 | 450 | 485 | 10 |
| 丙 | 350 | 480 | 40 |
| 合计 | 1 000 | 1 205 | — |

4. 已知三种商品的销售额及个体价格指数资料如下表所示：

| 商品名称 | 计量单位 | 实际销售额/万元 | | 个体价格指数/% |
|---|---|---|---|---|
| | | 基期 | 报告期 | |
| 甲 | 公斤 | 124 | 146 | 115 |
| 乙 | 件 | 68 | 94 | 120 |
| 丙 | 双 | 87 | 106 | 110 |
| 合计 | — | 279 | 346 | — |

计算：（1）三种商品的销售额总指数。

（2）三种商品的价格总指数。

（3）三种商品的销售量总指数。

5. 某企业工人的工资资料如下表所示：

| | 月工资水平/元 | | 工人人数/人 | |
|---|---|---|---|---|
| | 基期 | 报告期 | 基期 | 报告期 |
| 技术工 | 3 500 | 3 850 | 245 | 250 |
| 辅助工 | 3 200 | 3 500 | 120 | 800 |
| 合计 | — | — | 365 | 1 050 |

要求：（1）计算平均工资的可变构成指数及其增减额。

（2）计算平均工资的固定构成指数及其增减额。

（3）计算平均工资的结构变动影响指数及其增减额。

（4）利用指数体系分析平均工资变动及各因素的影响。

6. 计算销售额指数、销售量总指数和价格总指数，并从相对数和绝对数两个方面进行因素分析。

| 商品名称 | 计量单位 | 销售量 | | 价格/元 | |
|---|---|---|---|---|---|
| | | 基期 | 报告期 | 基期 | 报告期 |
| A | 件 | 12 500 | 15 000 | 10 | 11 |
| B | 台 | 12 000 | 16 800 | 60 | 54 |
| C | 米 | 6 000 | 5 700 | 2.0 | 2.3 |

7. 根据以下资料计算副食品零售物价指数。

| 类别 | 权数 | 价格指数 | 类别 | 权数 | 价格指数 |
|---|---|---|---|---|---|
| 豆油 | 6% | 105% | 肉类 | 40% | 132% |
| 食盐 | 2% | 100% | 水产 | 18% | 140% |
| 鲜菜 | 20% | 102% | 调料 | 5% | 98% |
| 干菜 | 3% | 99% | 食糖 | 6% | 100% |

8. 根据某企业两种产品产量及原材料消耗资料，编制指数体系并进行因素分析。

| 产品 | 原料 | 产量 | | 单耗 | | 单价/元 | |
|---|---|---|---|---|---|---|---|
| | | 基期 | 报告期 | 基期 | 报告期 | 基期 | 报告期 |
| A/台 | 甲/公斤 | 1 000 | 1 200 | 0. 5 | 0. 45 | 15 | 18 |
| B/台 | 乙/米 | 2 000 | 2 000 | 13 | 15 | 30 | 25 |

# 第八章 抽样调查

## 重点与难点解析

### 一、抽样调查的概念和特点

抽样调查是科学的非全面调查，它是按照随机原则，从调查对象（总体）中抽取一部分单位进行调查，用调查所得指标数值对调查对象相应指标数值作出具有一定可靠性的估计和推断的一种统计调查方法。其特点有：

（1）按照随机原则抽取样本。

（2）以部分单位的指标值推断总体的指标值。

（3）抽样推断运用概率估计的方法。

（4）抽样过程中抽样误差可以事先计算，并且可以控制在一定的范围内。

### 二、抽样推断和抽样调查的基本概念

#### （一）全及总体和抽样总体

1. 全及总体

简称总体或母体，是指调查对象的全部单位，是由具有共同性质的许多个别单位组成的。

2. 抽样总体

简称样本或子样，是指在全及总体中按随机原则抽取的部分单位所组成的集合体。

#### （二）全及指标和抽样指标

1. 全及指标

全及指标是根据全及总体各单位标志值计算的，反映总体某种属性或特征的综合指标。亦称总体指标和总体参数。常见的全及指标有：总体平均数、总体成数、总体标准差和总体方差。

2. 抽样指标

抽样指标是指根据抽样总体各单位标志值计算的综合指标，又称样本指标。常用的抽样指标有：抽样平均数、抽样成数、抽样总体标准差和抽样总体方差。

## 三、抽样方法

### （一）重复抽样

重复抽样又称为回置抽样，是从具有 $N$ 个单位的总体中随机抽取 $n$ 个单位为样本，每次从总体中抽取一个单位登记其序号或标志值之后，又将它放回总体参加下一次的抽选，这个单位在以后的 $n-1$ 次抽样中还有可能再次被抽到，连续进行 $n$ 次抽选便构成了一个容量为 $n$ 的样本。

### （二）不重复抽样

不重复抽样，也是从具有 $N$ 个单位的总体中，随机抽取一个容量为 $n$ 的样本，但每一次抽取一个单位登记其序号或标志值之后，就不再将其重新放回总体参加下一次的抽取。因而，又称为无放回抽样。

## 四、抽样的组织形式

### （一）简单随机抽样

简单随机抽样又称纯随机抽样。它是对全及总体不作任何处理，不进行任何分类或排队，直接从总体的 $N$ 个单位中完全随机地抽取 $n$ 个单位并使总体中的每一个单位都有同等被抽中的概率的抽样组织形式。其特点是，简单随机抽样在理论上最符合随机原则，它能保证总体中各个单位被抽中的机会是相等的，均为 $1/N$。同时，它也使总体中各个样本被抽中的概率相同。简单随机抽样遵循这种同等可能性原则，为抽样估计、抽样误差的计算提供了重要的前提条件。纯随机抽样是设计其他抽样组织方式的基础。

纯随机抽样的取样方法有：抽签法和随机数字法两种。

### （二）类型抽样

类型抽样也叫分层抽样。它是先将总体中所有的单位按照某个标志分成若干类（组），然后在各类中随机抽取样本单位的一种抽样的组织方式。其特点是，可以提高样本的代表性，降低影响抽样误差的方差。

类型抽样的具体方法有：

1. 等数分配类型抽样法

它是在各类组中分配同等的样本单位数的方法。这种方法只在各类型的总体单位数相等或差异不大时才使用。运用这种分配方法可使综合计算比较简单。

2. 等比例类型抽样法

这种抽样方法是按照各个类型的单位数目占总体单位数目的比例，分别抽取各个类型的样本单位数目。

3. 不等比例类型抽样

它是在各类型组中按不同的比例分配样本单位的方法，也叫最优分配法。各类型的样本单位数，可以采用等数或等比例的方法分配。但是，如果各类型组的单位数相差悬殊或标志变异程度相差较大，上述两种样本分配方法的抽样效果就差些。此时，宜采用不等比例类型采用法抽取标志，即标志变异程度大或单位数多的组，其抽样比例可高一些，多抽一些单位，标志变异程度小或单位数少的组，其抽样比例可低一些，少抽一些单位。

### （三）等距抽样

等距抽样也称机械抽样或系统抽样，它是将总体各单位按某一标志顺序排列，然后按固定顺序和相等距离或间隔抽取样本单位数的抽样组织方式。其特点是，这种抽样形式组织简便，易于实施。在已知总体某些有关信息的条件下，采用等距抽样能保证样本单位在总体中均匀地分布，从而提高了样本对总体的代表性，有利于降低抽样误差。

等距抽样的方法有以下两种。

1. 按无关标志排队等距抽样

所谓无关标志排队等距抽样，就是指等距抽样据以排队的标志与调查内容没有直接关系。即排列的标志与单位标志值的大小无关或不起主要影响作用。

2. 按有关标志排队等距抽样

所谓按有关标志排队抽样，就是指排队标志与调查内容有密切的关系，实质上是运用类型抽样的一些特点，有利于提高样本的代表性。

### （四）整群抽样

整群抽样也称集团抽样，区域抽样或分群随机抽样，它是将整体各单位按时间或空间形式划分成许多“群”，然后按纯随机抽样或机械抽样的方式从中抽取部分“群”，对中选“群”的所有单位进行全面调查的抽样组织方式。其特点是，整群抽样的随机性体现在“群”与“群”之间不重叠，总体的任何一个基本单位都必须且只能归于某一“群”，“群”的抽选按概率确定，可以按等概率也可按不等概率进行抽选。如果把每一“群”看成一个单位，那么整群抽样就是以“群”为单位的简单随机抽样。整群抽样对于“群”而言是非全面调查，对于被抽中“群”内基本单位而言则是全面调查，这一点与类型抽样正好相反。整群抽样便于组织实施，节省人力，财力和时间。

## 五、抽样误差

### （一）误差

1. 登记性误差

登记性误差是指统计调查时，由于各种主、客观原因在登记、汇总、计算、过录中所产生的误差。登记性误差不论全面调查或非全面调查都可能产生。

2. 代表性误差

代表性误差是指用部分来代表总体，推算全面时所产生的误差。只有在抽取部分单位来代表总体，推算全面时，才会产生这种误差。

（1）系统性误差。又称偏差是指在抽样调查的过程中，由于没有严格遵循随机原则而产生的系统性偏差。

（2）随机误差（抽样误差）。又称偶然的代表性误差，是指在抽样调查中，没有登记性误差的前提下，又遵循了随机原则所产生的误差。随机误差是抽样调查固有的误差。

**（二）抽样误差**

抽样误差是指偶然性的代表性误差，即随机误差。是按随机原则抽样时，在没有登记误差和系统性偏差的条件下，单纯由于不同的随机样本得出不同的估计量而产生的误差。

1. 抽样实际误差

指某一样本指标与被它估计的总体指标的差数。

2. 抽样平均误差

从一般意义上说是所有抽样实际误差的平均水平。确切地说，抽样平均误差是所有样本指标（样本平均数和样本成数）的标准差。

**（三）影响抽样平均误差的因素**

1. 全及总体被研究标志的变动程度（$\sigma$）
2. 抽样样本容量（$n$）的多少
3. 抽样的方法和组织形式不同

**（四）抽样平均误差的意义**

抽样平均误差就是抽样平均数（或抽样成数）的标准差，它反映抽样平均数（或抽样成数）与总体平均数（或总体成数）的平均误差程度。

**（五）平均数抽样平均误差的计算**

1. 在重复抽样下

$$\mu_{\bar{x}} = \frac{\sigma}{\sqrt{n}}$$

2. 在不重复抽样下

$$\mu_{\bar{x}} = \sqrt{\frac{\sigma^2}{n}\left(\frac{N-n}{N-1}\right)}$$

**（六）成数抽样平均误差的计算**

1. 重复抽样计算公式

$$\mu_p = \sqrt{\frac{p(1-p)}{n}}$$

2. 不重复抽样计算公式

$$\mu_p = \sqrt{\frac{p(1-p)}{n}\left(1-\frac{n}{N}\right)}$$

## 六、总体指标的推断

### （一）总体参数的点估计

点估计又称定值估计。它是用样本数据的某个具体观察值直接去代替总体相应的估计值的方法。即全及平均数的点估计值就是样本平均数，全及成数的点估计值就是样本成数，全及方差的点估计值就是样本方差等。

1. 直接推算法

直接推算法，就是直接用样本指标（如 $\bar{x}$ 或 $p$）与全及总体单位数（$N$）相乘，推算总体的总量指标的方法。

2. 比例修正法

比例修正法，是用同一总体中各个有关标志值的比例来修正全及指标的方法。

3. 系数修正法

系数修正法，是根据抽样调查所获取的有关数据计算出一个修正系数，然后用该系数来修正全面调查数据的方法。

### （二）总体参数的区间估计

1. 区间估计的概念

所谓区间估计即根据一定的精确度和可靠程度的要求，用样本指标和抽样误差去推断总体指标的可能范围的一种估计方法。

2. 概率度和允许误差

总体参数的区间估计必须同时具备三个要素，即样本指标值、抽样误差范围和概率保证程度（即概率度）。抽样误差范围决定估计的准确性，而概率保证程度则决定估计的可靠性。

（1）概率度。概率论和数理统计可以证明，所有估计的总体指标在样本指标加减一个抽样平均误差的区间范围内的可能性为 68.27%，即有 31.73% 的概率不在此区间内。

（2）允许误差。区间估计可以通过扩大或缩小抽样误差的范围来提高或降低推断的把握程度。实际估计时既希望估计的准确性高，又希望可靠性大，但两者是矛盾的，是此升彼降的关系。

平均指标的极限误差公式

①重复抽样　$\Delta_{\bar{x}} = t\mu_{\bar{x}} = t\sqrt{\frac{\sigma^2}{n}}$

② 不重复抽样　$\Delta_{\bar{x}} = t\mu_{\bar{x}} = t\sqrt{\frac{\sigma^2}{n}(1 - \frac{n}{N})}$

成数指标的极限误差公式

① 重复抽样　$\Delta p = t\mu_p = t\sqrt{\frac{p(1-p)}{n}}$

② 不重复抽样　$\Delta_p = t\mu_p = t\sqrt{\frac{p(1-p)}{n}(1-\frac{n}{N})}$

3. 置信区间的计算

（1）平均数的置信区间。

置信区间的下限　$\bar{x} - \Delta_{\bar{x}}$　即 $\bar{x} - t\mu_{\bar{x}}$

置信区间的上限　$\bar{x} + \Delta_{\bar{x}}$　即 $\bar{x} + \mu_{\bar{x}}$

总平均数的可能范围 $\bar{x} - t\mu_{\bar{x}} \leqslant \bar{x} \leqslant \bar{x} + t\mu_{\bar{x}}$

（2）成数的置信区间。

置信区间的下限　$p - \Delta_p$　即 $p - t\mu_p$

置信区间的上限　$p + \Delta_p$　即 $p + t\mu_p$

总体成数的可能范围 $p - t\mu_p \leqslant p \leqslant p + t\mu_p$

## 七、必要样本容量的确定

### （一）概念和影响因素

必要样本容量是在一定的概率保证下，为了使极限误差不超过一定的数值而需要的最小样本单位数。影响抽样数目的主要因素有以下几个方面。

1. 总体被研究标志的变异程度
2. 对推断精确度的要求，即允许的极限误差 $\Delta_{\bar{x}}$ 或 $\Delta_p$ 的大小
3. 对推断可靠性的要求，即概率的保证程度
4. 抽样调查的组织方式和方法
5. 人力、物力和财力的允许条件

### （二）确定抽样数目的方法

1. 重置抽样的必要样本容量

$$\Delta_{\bar{x}} = t\mu_{\bar{x}} = t\sqrt{\frac{\sigma^2}{n}} \Rightarrow n_{\bar{x}} = \frac{t^2\sigma^2}{\Delta_{\bar{x}}^2} = \frac{\sigma^2}{\mu_{\bar{x}}^2}$$

$$\Delta_p = t\mu_p = t\sqrt{\frac{p(1-p)}{n}} \Rightarrow n_p = \frac{t^2 p(1-p)}{\Delta_p^2} = \frac{p(1-p)}{\mu_p^2}$$

2. 不重置抽样的必要样本容量

$$\Delta\bar{x} = t\mu\bar{x} = t\sqrt{\frac{\sigma^2}{n}\left(1-\frac{n}{N}\right)} \Rightarrow n_{\bar{x}} = \frac{Nt^2\sigma^2}{N\Delta_{\bar{x}}^2 + t^2\sigma^2} = \frac{N\sigma^2}{N\mu_{\bar{x}}^2 + \sigma^2}$$

$$\Delta_p = t\mu_p = t\sqrt{\frac{p(1-p)}{n}\left(1-\frac{n}{N}\right)} \Rightarrow n_p = \frac{Nt^2 p(1-p)}{N\Delta_p^2 + t^2 p(1-p)} = \frac{Np(1-p)}{N\mu_p^2 + p(1-p)}$$

## 知识检测

### 一、填空题

1. 抽样推断是按照________原则抽取样本，用________指标推断________指标的一种统计方法。

2. 样本总体又称为________，样本总体的单位数称为________。

3. 抽样调查的组织形式有：________、________、________和________。

4. 根据抽样调查的方法不同，抽样方法有________和________两种。

5. 抽样平均误差就是所有可能的样本的________与________的平均误差。

6. 影响抽样误差大小的因素有：总体各单位标志值的差异程度、________和抽样的组织方式。

7. 抽样误差是由于抽样的________而产生的误差，这种误差不可避免，但可以________。

8. 在重复简单随机抽样条件下，抽样平均误差和总体标志变动度的大小成________，与样本容量的平方根成________，如其他条件不变，抽样平均误差减少，则样本容量应________。

9. 区间估计既说明了估计结果的准确程度，又能表明估计结果的________。

10. 如果全及平均数落在区间（550，650）内的概率是95.45%，则抽样平均误差等于________。

11. 样本有大样本和________之分，通常是把抽样数目在________个及________的叫大样本。而把抽样数目在________个以下的称为________。

12. 抽样误差范围（$\Delta$）、概率度（$t$）同抽样误差（$\mu$）三者之间的关系是________。

13. 点估计是直接用________估计总体指标的推断方法。点估计不考虑________及________。

14. 常用的抽样方法有________抽样和________抽样。

**二、判断题**

1. 抽样总体中的每个单位都必须具有典型性或代表性。(　)

2. 随机原则并不排除人的主观意识的作用。(　)

3. 抽样推断中的抽样误差是可以避免的。(　)

4. 抽样推断可用于那些具有破坏性与消耗性的产品质量检验。(　)

5. 抽样误差的产生是由于破坏了抽样的随机原则而造成的。(　)

6. 抽样平均误差越大，样本的代表性就越大。(　)

7. 重复简单随机抽样的抽样平均误差，小于不重复简单随机抽样的抽样平均误差。(　)

8. 点估计是用样本的统计量直接估计和代表总体参数。(　)

9. 区间估计的精确度和可靠程度是一对矛盾。(　)

10. 抽样极限误差通常要以抽样平均误差为标准单位来衡量。(　)

11. 抽样极限误差可以小于、大于或等于抽样平均误差。(　)

12. 因为不知道总体方差或标准差，所以无法计算抽样误差。(　)

13. 所有可能样本的平均数等于总体平均数。(　)

14. 样本所包含的单位数越多，抽样误差也就越大。（ ）

15. 在抽样推断中，作为推断对象的总体和作为观察对象的样本都是确定的、唯一的。（ ）

16. 样本容量的大小与抽样推断的可信程度成正比，与抽样极限误差成反比。（ ）

**三、单项选择题**

1. 抽样推断中存在的误差（ ）。

A. 仅有代表性误差　　B. 仅有登记性误差

C. 既有登记性误差又有代表性误差　　D. 仅有偶然性误差

2. 全及总体是唯一确定的，样本总体（ ）。

A. 也唯一　　B. 有无数个　　C. 不唯一　　D. 有 $C_N^n$ 个

3. 抽样误差是专指（ ）

A. 登记性误差　　B. 全部代表性误差

C. 系统性误差　　D. 偶然性误差

4. 反映抽样误差可能范围的指标是（ ）。

A. 抽样平均误差　　B. 抽样误差系数

C. 抽样极限误差　　D. 概率度

5. 如果扩大抽样允许误差，则抽样推断的精确度会（ ）。

A. 提高　　B. 降低　　C. 不变　　D. 无法判断

6. 如果扩大抽样允许误差，则抽样推断的可靠性会（ ）。

A. 提高　　B. 降低　　C. 不变　　D. 无法判断

7. 先把总体单位按某一标志排队，并以 $N/n$ 为距离抽取单位进行调查的组织方式为（ ）。

A. 机械抽样　　B. 类型抽样　　C. 整群抽样　　D. 纯随机抽样

8. 在一定抽样平均误差的条件下（ ）。

A. 缩小极限误差，可以提高推断的可靠程度

B. 缩小极限误差，推断的可靠程度不变

C. 扩大极限误差，可以提高推断的可靠程度

D. 扩大权限误差，可以降低推断的可靠程度

9. 根据抽样调查资料，某企业工人定额平均完成105%，抽样平均误差为1，概率为95.45%时，可以确定生产定额平均完成百分比（ ）。

A. 大于107%　　B. 不大于103%和不小于107%

C. 在103%与107%之间　　D. 小于103%

10. 区间估计的置信度是指（ ）。

A. 概率　　B. 允许误差的大小

C. 概率保证程度　　D. 抽样平均误差的大小

11. 从全部学生中抽样测定 100 名学生，戴眼镜者占 50%，抽样平均误差为 1%，用（　）概率可确信全部学生中戴眼镜者在 48% 到 52% 之间。

A. 68.27%　　B. 95%　　C. 95.45%　　D. 99.73%

12. 在其他条件都相同的情况下，若抽选总体 5% 的单位做样本，则重复抽样平均误差为不重复抽样误差的（　）

A. 1.03 倍　　B. 1.05 倍　　C. 0.97 倍　　D. 95%

13. 如果样本单位数减少到原来的一半，在简单随机抽样条件下，抽样平均误差将会（　）

A. 减少一半　　B. 扩大 1 倍　　C. 扩大 2 倍　　D. 是原来的$\sqrt{2}$倍

14. 已知概率为 99.73% 的抽样估计区间为 51 ~ 69，则概率为 95.45% 的抽样估计区间为（　）。

A. 51 ~ 69　　B. 52 ~ 68　　C. 54 ~ 66　　D. 53 ~ 67

15. 计算必要样本容量时，若总体方差未知，应当从几个可供选择的样本方差中选择数值（　）。

A. 最小的　　B. 任意的　　C. 最大的　　D. 适中的

**四、多项选择题**

1. 抽样平均误差的大小取决于（　）。

A. 样本单位数的多少

B. 全及总体被研究标志的变异程度大小

C. 概率保证程度的大小

D. 抽样调查的组织方式

E. 抽样方法的不同

2. 对于总体，样本及其指标的认识正确的是（　）。

A. 总体是唯一确定的，样本是随机的　　B. 全及指标是随机的

C. 样本指标是随机的　　D. 全及指标是一个确定的值

E. 抽样指标是唯一确定的值

3. 抽样平均误差是（　）

A. 全部可能样本指标的标准差　　B. 样本指标的平均数

C. 样本指标的平均差　　D. 计算误差范围的衡量尺度

E. 反映抽样的指标与总体指标的平均误差程度

4. 概率度、准确度和可靠性关系表现在（　）。

A. 概率度增大，估计的可靠性也增大　　B. 概率度增大，估计的精确度下降

C. 概率度缩小，估计的精确度缩小　　D. 概率度增大，估计的精确度缩小

E. 概率度增大，估计的可靠性缩小

5. 适用于抽样推断的有（　）。

A. 连续大量生产的某种小件产品的质量检验

B. 某城市居民生活费支出情况

C. 具有破坏性与消耗性的产品质量检查

D. 对全面调查资料进行评价与修正

E. 食品质量的调查

6. 常用的样本指标有（　）。

A. 样本平均数　B. 样本标准差　C. 样本容量　D. 样本成数

E. 抽样平均误差

7. 重复随机抽样的特点是（　）。

A. 总体中每个单位在各次抽样中被抽取的机会相等

B. 总体中每个单位在各次抽样中被抽取的机会不等

C. $n$ 次抽样就是 $n$ 次相互独立的试验

D. 每次抽选时，总体单位数始终不变

E. 每次抽选时，总体单位数逐渐减少

8. 下面哪几项属于按无关标志对总体各单位进行等距抽样（　）。

A. 城市居民家计调查按街道的门牌号码抽取调查户

B. 进行工厂职工家计调查，按上年度各工厂职工月平均工资排队，抽取调查单位

C. 农产量抽样调查利用各县或乡近三年平均亩产或当年估计亩产排队，抽取调查单位

D. 工业产品质量抽查按生产的时间顺序取样

E. 农产量抽样中，总体单位按自然位置或行政区域的顺序排队抽取样本

9. 重复抽样中（　）

A. 每次抽选时，总体单位数始终不变

B. 每次抽选时，总体单位数逐渐减少

C. 每个单位被抽中机会在各次抽选中相等

D. 每个单位被抽中的机会在各次抽选中不等

E. 一切可能样本共有 $A_N^n$ 个

10. 在概率度 $t$ 一定的条件下（　）。

A. 允许的相对误差越大，应抽取的单位数越少

B. 允许的相对误差越小，应抽取的单位数越少

C. 抽样误差范围越大，样本标志值之间的离差越大

D. 抽样误差范围越大，应抽取的单位数越多

E. 抽样误差范围越小，应抽取的单位数越多

11. 在总体 100 个单位中，抽取 40 个单位，下列说法正确的是（　）。

A. 样本个数 40 个　B. 样本容量 40 个

C. 是一个大样本　D. 是一个小样本

E. 一个样本有 40 个单位

12. 影响抽样数目的因素有（　）。

A. 被调查标志的变异程度　　B. 允许误差

C. 概率度　　D. 抽样方法

E. 抽样的组织方式

**五、简答题**

1. 什么是抽样推断？抽样推断有哪些特点？
2. 抽样推断的组织方式有哪些？
3. 什么是随机原则？在抽样调查中为什么要坚持随机原则？
4. 影响抽样误差的因素有哪些？
5. 什么是区间估计？为什么说它比点估计更科学？

## 综合分析与计算

1. 为了估计一分钟一次广告的平均费用，从 300 个电视台中随机抽取了 15 个电视台的样本。样本额均值为 2 400 元，标准差为 800 元，求电视台一分钟广告平均费用的抽样平均误差。（保留 2 位小数）

2. 要估计某地区 10 000 名适龄儿童的入学率，随机从这一地区抽取 400 名儿童，检查有 320 名儿童入学，求抽样入学率的平均误差。

3. 从某工厂 1 385 名工人中，随机抽出 50 名工人进行调查，得知这些工人的月产量如下表所示：

| 月产量/件 | 62 | 65 | 67 | 70 | 75 | 80 | 90 | 100 | 130 |
|---|---|---|---|---|---|---|---|---|---|
| 工人数/人 | 4 | 6 | 6 | 8 | 10 | 7 | 4 | 3 | 2 |

要求：以 95% 的可靠程度估计该厂工人的月平均产量在多少件之间。

4. 进出口一种小食品，规定每包重量不低于150克，现在用不重复抽样的方法抽取其中1%进行检验，结果如下表所示：

| 每包重量/克 | 包数 |
|---|---|
| 148～149 | 10 |
| 149～150 | 20 |
| 150～151 | 50 |
| 151～152 | 20 |

要求：以95.45%的概率估计这些小食品包装合格率的范围。

5. 某种包装箱中放有20袋食糖，要求每袋重量1 000克，为检查袋装食糖的重量是否符合规定要求，现从待检的400箱中随机抽取10箱，得知各箱中每袋的平均重量（克）分别为：1 010、1 005、990、995、1 020、1 030、1 000、1 015、1 025、980，试在99.73%的概率保证下，对全部待检食糖每袋的平均重量做区间估计。

6. 国家统计局社会经济调查队于2019年7月，在全国抽取10个省的3722户高收入家庭进行固定资产调查，调查结果如下表所示：

| 固定资产/万元 | 户数/户 |
|---|---|
| 10以下 | 1 176 |
| 10～50 | 1 569 |
| 50～100 | 499 |
| 100～1 000 | 442 |
| 1 000以上 | 36 |
| 合计 | 3 722 |

要求：

（1）在99.73%的概率保证程度下，估计全国有经营活动的高收入家庭拥有的平均固定资产的可能范围。

（2）假定拥有固定资产在100万元以上的家庭拥有自己的公司或企业，在95.45%的概率保证程度下，估计拥有自己的公司或企业的家庭所占的比重。

7. 某市开展职工家计调查，根据历史资料该市职工家庭平均每人年收入的标准差为250元，而家庭消费的恩格尔系数（即家庭食品支出占消费总支出额的比重）为65%。现在用重复抽样的方法，要求在95.45%的概率保证下，平均收入的极限误差不超过20元，恩格尔系数的极限误差不超过4%。确定样本容量的单位数。

# 第九章 假设检验

## 重点与难点解析

### 一、假设检验的意义、基本思想及假设检验的步骤

#### （一）假设检验的意义

统计假设检验亦称为显著性检验。它主要是指实际的抽样指标与假设的总体指标之间的检验，目的在于判断原假设的总体和现在实际的总体是否发生了显著差异。因此，进行假设检验时，我们首先必须从原来的总体出发，确立一个比较标准，这个标准便是假设的总体参数，并且它的分布也是知道的。其次，要考虑差异是否显著。一般来讲，存在两种不同原因而引起的两种不同性质的差异，一种是条件差异，即由于工艺或实验条件的改变所引起的结果差异，另一种是随机差异，即由于偶然性因素的影响所导致的结果的差异。显著性差异就是指依据实际抽样结果计算得到的样本统计量与假设的总体参数的差异超过了通常由于偶然性因素作用所引起的差异的范围和程度。

#### （二）假设检验的假设形式

假设一般包括两部分，一是原假设，又称虚无假设或零假设，一般用 $H_0$ 表示，它常常是根据已有的资料，或经过周密考虑后对总体提出某具体特征的假设。二是备择假设，又称对立假设或备选假设，一般用 $H_1$ 表示，它是原假设的互逆事件，即总体不具有某一具体特征的假设。关于总体特征 $\theta$ 的假设可有如下三种情况：

1. $H_0$：$\theta=\theta_0$；$H_1$：$\theta\neq\theta_0$
2. $H_0$：$\theta\geqslant\theta_0$；$H_1$：$\theta<\theta_0$
3. $H_0$：$\theta\leqslant\theta_0$；$H_1$：$\theta>\theta_0$

#### （三）假设检验的基本思想

假设检验的基本思想是应用小概率的原理，所谓小概率原理，是指发生概率很小的随机事件在一次实验中是几乎不可能发生的。根据这一原理，如果一个事件的概率甚小，则它在一次实验中出现的可能性很小（或不可能）。在按照随机性原则获取的样本资料时，如果在原假设中小概率事件居然在取得该样本的一次

实验中发生了，我们就有理由怀疑原假设的正确性，从而拒绝原假设。

**（四）假设检验中的两类错误**

统计上称弃真错误为第一类错误。反之，如果原假设不正确而我们却接受了原假设，我们就犯了以假为真的错误，即取伪错误，犯这种错误的可能性或概率记作 $\beta$ 。统计上称取伪错误为第二类错误。

**（五）假设检验的步骤**

1. 提出原假设和备择假设

根据假设的形式，假设检验可分为单侧检验（亦称单尾检验或单边检验）和双侧检验（亦称双尾检验或双边检验）

（1）双侧检验。

当假设形式为 $H_0$：$\theta=\theta_0$；$H_1$：$\theta\neq\theta_0$ 时，我们称之为双侧检验。

（2）单侧检验。

当假设形式为 $H_0$：$\theta\geqslant\theta_0$ 或 $H_0$：$\theta\leqslant\theta_0$ 时，我们称之为单侧检验。其中，若假设为 $H_0$：$\theta\leqslant\theta_0$，我们称之为右单侧检验；若假设为 $H_0$：$\theta\geqslant\theta_0$，我们称之为左单侧检验。

2. 确定适当的检验统计量

在具体问题中，需考虑诸如进行检验的样本是大样本还是小样本，总体方差是已知还是未知等因素选择恰当的统计量，在不同条件下应选择不同的统计量

3. 确定显著性水平 $\alpha$

4. 计算检验统计量的值

假设检验中所用到的检验统计量都是标准化检验统计量，其表示式为：

$$\text{标准化检验统计量}=\frac{\text{点估计量}-\text{假设值}}{\text{点估计量的标准差}}$$

5. 做出统计决策

## 二、总体均值的假设检验

**（一）单个总体均值的检验**

1. 正态总体方差已知，我们用 $Z$ 统计量进行检验，计算公式为：

$$Z=\frac{\bar{x}-\bar{X}}{\sigma/\sqrt{n}}$$

2. 总体分布及方差均未知，大样本可用 Z 统计量代替 $T$ 统计量进行假设检验。计算公式为：

$$Z=\frac{\bar{x}-\bar{X}}{S/\sqrt{n}}$$

3. 正态总体，方差未知，小样本，应采用 $T$ 统计量，其计算公式为：

$$T=\frac{\bar{x}-\bar{X}}{S/\sqrt{n}}$$

其中：$S = \sqrt{\dfrac{\sum (x-\bar{x})^2}{n-1}}$

**（二）两个总体均值之差的假设检验**

当两个总体均服从正态分布，且 $\sigma_1^2$ 和 $\sigma_2^2$ 已知时，检验统计量为：

$$Z = \frac{(\bar{x}_1 - \bar{x}_2) - (\bar{X}_1 - \bar{X}_2)}{\sqrt{\sigma_1^2/n_1 + \sigma_2^2/n_2}}$$

## 三、总体成数的假设检验

**（一）单个总体成数的假设检验**

在大样本条件下，若 $np>5$，$n(1-p)>5$ 时，可用 $Z$ 统计量进行检验。其计算公式为：

$$Z = \frac{p-P}{\sqrt{\dfrac{P(1-P)}{n}}}$$

**（二）两个总体成数之差的假设检验**

若 $n_1p_1>5$，$n_1(1-p_1)>5$，$n_2p_2>5$，$n_2(1-p_2)>5$，可用 $Z$ 统计量进行检验。其计算公式为：

$$Z = \frac{(p_1-p_2)-(P_1-P_2)}{\sqrt{\dfrac{p_1(1-p_1)}{n_1}+\dfrac{p_2(1-p_2)}{n_2}}}$$

## 知识检测

**一、填空题**

1. 对总体提出的假设可以分为________和________。

2. 如果提出的原假设是总体参数等于某一数值，这种假设检验称为________；如果提出的原假设是总体参数不大于或不小于某一数值，这种假设检验称为________。

3. 在单侧检验中，若原假设是假设总体参数不小于某一数值，称为________，若原假设总体参数不大于某一数值，称为________。

4. 一般的，将临界区域（或接受区域）的端点称为________。

5. 两总体成数之差的假设检验中，当均为大样本且 $np>5$、$n(1-p)>5$ 时，可用________统计量进行检验。

6. 假设检验按总体分布形式是否已知分为两种：________和________。

7. 假设检验的基本思想是应用________的原理。

8. 假设检验中的两类错误分别是________和________。

9. 能够拒绝原假设的统计量的所有可能取值的集合称为________。

10. 在正态总体，方差 $\sigma^2$ 未知，小样本（$n \leqslant 30$）的情况下，总体均值的假设检验，应采用________统计量。

**二、判断题**

1. 假设检验主要是检验在抽样调查情况下所得到的样本指标是否真实。（　）

2. 原假设的接受与否，与选择的检验统计量有关，与显著性水平 $\alpha$ 无关。（　）

3. 单侧检验中，由于所提出的原假设的不同，可分为左侧检验和右侧检验。（　）

4. 假设检验和区间估计之间没有必然的联系。（　）

5. 若总体为非正态分布，则不能采用 $Z$ 统计量和 $t$ 统计量进行检验。（　）

6. 统计上称弃真错误为第一类错误。（　）

7. 若统计量的值落入拒绝域，我们就拒绝原假设，因为实际上不可能存在这种假设。（　）

8. 弃真错误的概率 $\alpha$ 和取伪错误的概率 $\beta$ 是一对矛盾。（　）

9. 假设形式为 $H_0$：$\theta=\theta_0$；$H_1$：$\theta \neq \theta_0$，这种形式的假设我们称之为单侧检验。（　）

10. 无论原总体分布形态如何，我们都可用 $Z$ 统计量对原假设进行检验。（　）

**三、单项选择题**

1. 假设检验是检验（　）的假设值是否成立。

A. 样本指标　　B. 总体指标　　C. 样本房差　　D. 样本平均数

2. 双侧检验的原假设通常是（　）。

A. $H_0$：$\theta=\theta_0$　　B. $H_0$：$\theta \geqslant \theta_0$　　C. $H_0$：$\theta \neq \theta_0$　　D. $H_0$：$\theta \leqslant \theta_0$

3. 左侧检验的备择假设通常是（　）。

A. $H_1$：$\theta > \theta_0$　　B. $H_1$：$\theta=\theta_0$　　C. $H_1$：$\theta < \theta_0$　　D. $H_1$：$\theta \neq \theta_0$

4. 若总体为非正态分布，则在（　）情况下，可选用 $Z$ 统计量对总体平均数进行检验。

A. 样本容量大于等于 30　　B. 样本容量小于 30

C. 样本容量不确定　　D. 总体单位数很大

5. 若总体服从正态分布，且总体方差已知，则通常选用（　）统计量对总体进行检验。

A. $Z=\dfrac{\bar{x}-\bar{X}}{S/\sqrt{n}}$　　B. $Z=\dfrac{\bar{x}-\bar{X}}{\sigma/\sqrt{n}}$　　C. $T=\dfrac{\bar{x}-\bar{X}}{S/\sqrt{n}}$　　D. $T=\dfrac{\bar{x}-\bar{X}}{\sigma/\sqrt{n}}$

6. 在假设检验中，第二类错误是指（　）。

A. $H_0$ 为真，接受 $H_1$　　B. $H_0$ 为真，拒绝 $H_1$

C. $H_0$ 不真，接受 $H_0$　　D. $H_0$ 不真，拒绝 $H_0$

7. 假设检验的基本思想可以用（　）来解释。

A. 中心极限定理　　B. 正态分布的性质

C. 小概率事件　　D. 置信区间

8. 在假设检验中，若抽样单位数不变，显著性水平从 0.01 变为 0.1，则犯第二类错误的概率（　）。

A. 提高　　B. 不变　　C. 降低　　D. 无法判断

9. 当样本统计量的观测值未落入原假设的拒绝域时，表示（　）。

A. 可以放心地接受原假设　　B. 没有充足的理由否定原假设

C. 没有充足的理由否定备择假设　　D. 备择假设是错误的

10. 由于试验因素的变化所引起的试验结果的数量差异称为（　）。

A. 随机差异　　B. 偶然误差　　C. 试验误差　　D. 条件差异

**四、多项选择题**

1. 某一批原材料的质量实际上不符合生产标准，检验部门在抽检时，得出的结论是该批原材料的质量符合生产标准，说明（　）。

A. 检验部门犯了第一类错误　　B. 检验部门犯了第二类错误

C. 犯这种错误的概率是 $\alpha$　　D. 犯这种错误的概率是 $\beta$

E. 犯这种错误的原因是检验部门不遵循随机性原则

2. 根据样本指标，分析总体的假设值是否成立的统计方法称为（　）。

A. 抽样估计　　B. 假设检验　　C. 统计抽样　　D. 显著性检验

E. 概率

3. 对总体指标提出假设，通常有原假设和备择假设两种，其中原假设又称为（　）。

A. 虚无假设　　B. 对立假设　　C. 零假设　　D. 备选假设

E. 错误假设

4. 统计量 $Z=\dfrac{\bar{x}-\bar{X}}{\sigma/\sqrt{n}}$ 可用于（　）的假设检验。

A. 总体平均数　　B. 双侧检验　　C. 总体成数　　D. 单侧检验

E. 样本平均数

5. 在假设检验中，$\alpha$ 与 $\beta$ 的关系是（　）。

A. $\alpha$ 和 $\beta$ 绝对不可能同时减少

B. 只能控制 $\alpha$，不能控制 $\beta$

C. 在其他条件不变的情况下，增大 $\alpha$，必然会减少 $\beta$

D. 在其他条件不变的情况下，增大 $\alpha$，必然会增大 $\beta$

E. 增加样本容量可以同时减少 $\alpha$ 和 $\beta$

### 五、简答题

1. 什么是第一类错误？什么是第二类错误？
2. 简述假设检验的步骤。
3. 什么是单侧检验？什么是双侧检验？
4. 简述 $t$ 分布与 $Z$ 分布的关系。
5. 简述假设检验的基本思想。

## 综合分析与计算

1. 设某总体服从正态分布，其标准差 $\sigma$ 为 12，现抽取了一个样本容量为 400 的字样，计算得平均值为 $\bar{x}=21$，试以显著性水平 $\alpha=0.05$ 确定总体的平均值是否不超过 20。

2. 在一批产品中抽 40 件进行调查，发现次品有 6 件，试按显著性水平 $\alpha=0.05$ 来判断该批产品的次品率是否高于 10%。

3. 某食品厂用自动装袋机包装食品，每袋标准重量 50 克，每隔一段时间抽取包装袋进行检验。现抽取 10 袋，测得其重量为（单位：克）：

49.8，51，50.5，49.5，49.2，50.2，51.2，50.3，49.7，50.6

若产品重量服从正态分布，问每袋重量是否符合要求？（$\alpha=0.05$）

4. 2000 年美国西岸地区进行抽样调查，抽样人数为 1 600 人，有 37% 的公民认为外来移民会影响到当地的生活品质。2010 年针对同样的问题再进行抽样，抽样人数为 2 000 人，此时有 45% 的人认为外来移民会影响到当地的生活品质，在显著性水平 $\alpha=0.05$ 的条件下，试问这几年该地区公民认为外来移民会影响到当地生活品质的比率是否一致？

5. 有一种电子元件，要求其使用寿命不得低于 1 000 小时。已知这种元件的使用寿命服从标准差为 100 的正态分布。现从一批元件中随机抽查了 25 件，测得平均使用寿命为 972 小时。试在显著性水平 $\alpha=0.05$ 的条件下，检验这批产品是否合格。

6. 近几年某高校大学英语的平均成绩是73分，方差为220.5，现随机抽出了由200名学生组成的一个样本，样本均值为71.15分，当显著性水平 $\alpha=0.05$ 时，试判断今年学生的英语成绩与往年是否处于同一水平？

7. 为调查甲乙证券公司投资者的投资存款数，分别从两家证券公司抽选25名投资者组成的随机样本，两个样本均值分别为45 000元和32 500元，根据以往经验知道两个总体均服从正态分布，标准差分别为920元和960元，在显著性水平 $\alpha=0.05$ 的条件下，可否认为甲乙两家证券公司投资者的平均投资存款数差额在10 000元之内。

第十章

# 相关与回归分析

## 重点与难点解析

### 一、相关的概念和种类

1. 相关的概念

相关分析就是研究两个或两个以上变量之间相关程度大小以及用一定函数来表达现象相互关系的方法。一般来说，现象之间的相关关系可以分为两种，一种是函数关系；一种是相关关系。函数关系是一种完全确定性的依存关系，即当因素标志的数量确定之后，结果标志的数量也随之完全确定。相关关系是一种不完全确定的依存关系，即因素标志的每个数值都可能有若干个结果标志的数值与之相对应。相关关系是相关分析的研究对象，而函数关系则是相关分析的工具。

2. 相关的种类

（1）按变量之间的相关强度不同分为完全相关、不完全相关和不相关。

（2）按变量之间相关的方向分为正相关和负相关。

（3）按变量之间相关的形式分为线性相关和非线性相关。

（4）按涉及的因素多少分为单相关、复相关和偏相关。

### 二、相关图表

1. 相关表

编制相关表不仅可以直观地显示现象之间的数量相关关系，而且它也是计算相关指标的基础。相关表有简单相关表和分组相关表，分组相关表又有单变量分组相关表和双变量分组相关表。

2. 相关图

相关图是指把相关表中的原始的对应数值在平面直角坐标图中用点描绘出来，用以反映其分布状况的统计图，也称散点图或散布图。

## 三、相关系数

1. 相关系数的定义

相关系数是直线相关条件下说明两个变量之间相关关系的方向和密切程度的统计分析指标，以 $r$ 表示。

2. 相关系数的计算

（1）定义公式：$r = \dfrac{\sigma_{xy}^2}{\sigma_x \sigma_y}$

（2）简化公式：$r = \dfrac{n\sum xy - \sum x \sum y}{\sqrt{n\sum x^2 - (\sum x)^2}\sqrt{n\sum y^2 - (\sum y)^2}}$

## 四、回归分析

1. 回归分析的概念

回归分析是指对具有相关关系的现象，根据其关系形态，选择一个合适的数学模型（称为回归方程式），用来近似地表示变量间的平均变化关系的一种统计分析方法。

2. 一元线性回归模型

一元线性回归模型是适用于分析一个自变量（$x$）与一个因变量（$y$）之间的线性关系的数学方程式，其一般形式为：$\hat{y} = a + bx$。

（1）未分组资料：根据微积分中求极值的原理，分别对 $a$ 和 $b$ 求偏导数，并令其为0，求得两个标准方程式为：$\begin{cases} \sum y = na + b\sum x \\ \sum xy = a\sum x + b\sum x^2 \end{cases}$

对以上方程组进行整理，可以导出求解 $a$ 和 $b$ 的公式：

$$\begin{cases} b = \dfrac{n\sum xy - \sum x \sum y}{n\sum x^2 - (\sum x)^2} \\ a = \dfrac{\sum y}{n} - b\dfrac{\sum x}{n} = \bar{y} - b\bar{x} \end{cases}$$

（2）分组资料：$\begin{cases} \sum yf = a\sum f + b\sum xf \\ \sum xyf = a\sum xf + b\sum x^2 f \end{cases}$

对方程组加以整理，得到求解 $a$、$b$ 的公式为：

$$\begin{cases} b = \dfrac{(\sum f)(\sum xyf) - (\sum xf)(\sum yf)}{(\sum f)(\sum x^2 f) - (\sum xf)^2} \\ a = \bar{y} - b\bar{x} = \dfrac{\sum yf}{\sum f} - b\dfrac{\sum xf}{\sum f} \end{cases}$$

3. 决定系数与估计标准误差

（1）决定系数。决定系数也称为可决系数或判定系数，即相关系数的平方。它是指因变量的总方差中可以被自变量解释的比例，是衡量所建模型优劣的一个重要统计指标。其计算公式为：

$$r^2 = \frac{\sum(\hat{y}-\bar{y})^2}{\sum(y-\bar{y})} \quad 或 \quad r^2 = 1 - \frac{\sum(y-\hat{y})^2}{\sum(y-\bar{y})^2}$$

（2）估计标准误差。估计标准误差是 $y$ 的实际值与 $y$ 的估计值离差的一般水平。

估计标准误差的计算公式为：

$$s_{yx} = \sqrt{\frac{\sum(y-\hat{y})^2}{n-2}} = \sqrt{\frac{\sum y^2 - a\sum y - b\sum xy}{n-2}}$$

4. 多元线性回归模型

多元线性回归方程的一般表达式为：$\hat{y} = b_0 + b_1x_1 + b_2x_2 + \cdots + b_kx_k$

（1）本章以二元线性回归模型为例：$\hat{y} = b_0 + b_1x_1 + b_2x_2$

求解参数的标准方程组：

$$\begin{cases} \sum y = nb_0 + b_1\sum x_1 + b_2\sum x_2 \\ \sum x_1y = b_0\sum x_1 + b_1\sum x_1^2 + b_2\sum x_1x_2 \\ \sum x_2y = b_0\sum x_2 + b_1\sum x_1x_2 + b_2\sum x_2^2 \end{cases}$$

（2）估计标准误差：

定义公式：$s_{yx} = \sqrt{\frac{\sum(y-\hat{y})^2}{n-k-1}}$

简化公式：$s_{yx} = \sqrt{\frac{\sum y^2 - b_0\sum y - b_1\sum x_1y - b_2\sum x_2y}{n-k-1}}$

（3）复相关系数：$r_{y.12} = \sqrt{\frac{\sum(\hat{y}-\bar{y})^2}{\sum(y-\bar{y})^2}} = \sqrt{1 - \frac{\sum(y-\hat{y})^2}{\sum(y-\bar{y})^2}} = \sqrt{1 - \frac{s_{yx.12}^2}{\sigma_y^2}}$

5. 非线性回归分析

在实际问题中，有时因变量和自变量之间的依存关系并非是线性形式，而是某种曲线。这时，就需要拟合适当类型的曲线模型，在统计上称为非线性回归或曲线回归。非线性回归按自变量的个数也可分为一元线性回归和多元线性回归；曲线的形式也因实际资料不同而有多种，如双曲线、指数曲线等。拟合何种曲线为宜，有的可以根据定性分析或过去积累的经验来确定，有的则必须根据实际资料的散点图来确定。统计上通常采用变量代换法把非线性形式转换为线性形式来处理，使线性回归分析的方法也能适用于非线性回归问题的研究。

## 知识检测

### 一、填空题

1. 客观现象之间确实存在的但________的数量上的相互依存关系称为相关关系。

2. 与相关关系对应的是________，是反映现象之间存在的严格的数量依存关系。

3. 相关关系，按相关关系涉及的因素多少，分为________、________和________；按相关关系的程度分为________、________和________。

4. 现象之间的相关关系从变量的变化方向看，可分为________和________；从相关关系的表现形态看，可分为________和________。

5. 相关系数是反映现象之间相关关系________的指标。

6. 相关系数的取值范围在________和________之间，带负号表明是________，带正号表明是________，其绝对值越________，说明相关关系越密切，其绝对值越________，说明相关关系越不密切，当其绝对值为________时，说明两现象完全线性相关，当绝对值为________时，说明两现象线性无关。

7. 在回归分析中，因变量是________变量，自变量是________变量，而相关分析中，被研究的两个变量都是________。

8. 估计标准误差是用来说明________代表性大小的统计分析指标。

9. 已知 $x$ 变量的标准差为 2，$y$ 变量的标准差为 5，两变量的相关系数是 0.8，则回归系数是________。

10. 回归直线方程 $\hat{y}=a+bx$ 中，$b$ 是________。估计选定参数 $a$ 和 $b$ 的常用方法是________。

11. 已知 $\sigma_{xy}^2=150$，$\sigma_x=18$，$\sigma_y=15$，那么变量 $x$ 和 $y$ 的相关系数是________。

12. 相关系数绝对值的大小反映相关的________，相关系数的符号反映相关的________。

### 二、判断题

1. 现象之间的函数关系可以用一个数学表达式反映出来。（ ）

2. 不管自变量如何变化，因变量都不变，这种情况称为不相关。（ ）

3. 当变量 $x$ 按一定数额变化时，变量 $y$ 也随之近似地按固定的数额变化，那么这两个变量间为正相关。（ ）

4. 进行相关分析必须以定性分析为前提。（ ）

5. 相关分析可以不分自变量与因变量，回归分析也如此。（ ）

6. 相关系数 $r$ 取值范围在 +1 和 -1 之间。（ ）

7. 回归分析是把变量的函数关系转变为相关关系的手段。（ ）

8. 产量增加，则单位产品成本降低，此种关系属相关关系。(　)

9. 判断两现象相关关系密切程度的主要方法是编制相关表。(　)

10. 利用最小平方法配合的直线回归方程，要求实际测定的所有相关点和直线上的距离平方和为零。(　)

11. 估计标准误差是衡量回归方程代表性大小的指标。(　)

12. 回归系数 $b$ 大于 0 或小于 0 时，则相关系数 $r$ 也大于 0 或小于 0。(　)

13. （甲）某产品产量与单位成本的相关系数是 -0.8；（乙）产品单位成本与利润率的相关系数是 -0.95。因此，（乙）比（甲）的相关程度高。(　)

14. 估计标准误差指的就是实际值 $y$ 与估计值 $\hat{y}$ 的平均误差程度。(　)

15. 根据结果标志对因素标志的不同反映，可以把现象总体数量上的依存关系划分为函数关系和相关关系。(　)

**三、单项选择题**

1. 相关系数的取值范围是（　）。

A. $0 \leqslant r \leqslant 1$　　B. $-1 < r < 1$　　C. $-1 \leqslant r \leqslant 1$　　D. $-1 \leqslant r \leqslant 0$

2. 变量之间的相关程度越低，则相关系数的数值（　）。

A. 越小　　B. 越接近于 0　　C. 越接近于 1　　D. 越接近于 -1

3. 测定变量之间相关密切程度的代表性指标是（　）。

A. 估计标准误差　　B. 相关系数

C. 两个变量的协方差　　D. 两个变量的标准差

4. 下列哪两个变量之间的相关程度高？(　)

A. 销售额和销售量的相关系数是 0.9

B. 销售额和利润率的相关系数是 0.84

C. 价格和销售量的相关系数是 -0.91

D. 流通费率和利润率的相关系数是 -0.94

5. 某校通过调查、计算，建立了考试成绩依学习时间的直线回归方程：$y_c = 180 - 5x$，该方程明显有误，错误在于（　）。

A. $a$ 值的计算有误，$b$ 值是对的　　B. $b$ 值的计算有误，$a$ 值是对的

C. $a$ 值和 $b$ 值的计算都有错误　　D. 自变量和因变量的关系搞错了

6. 每一吨铸铁成本（元）倚铸件废品率（%）变动的回归方程为：$y_c = 56 + 8x$，这意味着（　）。

A. 废品率每增加 1%，成本每吨增加 64 元

B. 废品率每增加 1%，成本每吨增加 8%

C. 废品率每增加 1%，成本每吨增加 8 元

D. 废品率每增加 1%，则每吨成本为 56 元

7. 如果变量 $x$ 和变量 $y$ 之间的相关系数为 -1，这说明两变量之间是（　）。

A. 低度相关关系　　B. 完全相关关系

C. 高度相关关系　　D. 完全不相关

8. 圆的半径与周长之间存在着（　）。

A. 比较关系　B. 相关关系　C. 因果关系　D. 函数关系

9. 若所有观察值都落在回归直线 $\hat{y} = a + bx$ 上，则此时 $x$ 与 $y$ 的相关系数（　）。

A. $r = 0$　B. $|r| = 1$　C. $-1 < r < 1$　D. $0 < r < 1$

10. 从变量相关方向看，相关关系可分为（　）。

A. 完全相关和不完全相关　　B. 直线相关和曲线相关

C. 单相关和复相关　　D. 正相关和负相关

11. 一般来说，居民的收入减少，其储蓄存款额也会相应减少，二者关系是（　）。

A. 正相关　B. 负相关　C. 函数关系　D. 曲线相关

12. 当变量 $x$ 值增大时，变量 $y$ 值随之下降，则 $x$、$y$ 变量之间存在着（　）。

A. 直线相关关系　　B. 正相关关系

C. 曲线相关关系　　D. 负相关关系

13. 估计标准误差是反映（　）。

A. 平均数的代表性大小的指标　　B. 回归直线代表性大小的指标

C. 相关关系强弱的唯一指标　　D. 平均发展水平高低的指标

14. 在回归分析中，要求对应的两个变量（　）。

A. 都是随机变量

B. 都不是随机变量

C. 自变量是可控制变量，因变量为随机变量

D. 自变量是随机变量，因变量为可控制变量

15. 估计标准误差的计量单位与下列哪一项相同?（　）

A. 自变量　B. 因变量　C. 相关系数　D. 没有单位

16. 用最小平方法配合的趋势线，必须满足的一个基本条件是（　）。

A. $\sum(y - y_c)^2$ 为最小值　　B. $\sum(y - y_c)^2$ 为最大值

C. $\sum(y - y_c)$ 为最小值　　D. $\sum(y - y_c)$ 为最大值

17. 相关关系是指（　）。

A. 一种严格的关系　　B. 一种不严格的关系

C. 任意两个变量之间的关系　　D. 有内在联系但不严格的数量依存关系

18. 回归系数的取值范围是（　）。

A. $(-\infty, +\infty)$　　B. $[-1, 0]$

C. $[-1, 1]$　　D. $[0, 1]$

19. 当相关关系中有三个变量时，这种相关关系称为（　）。

A. 单相关　B. 复相关　C. 直线相关　D. 曲线相关

20. 两个变量间的相关关系称为（ ）。

A. 单相关 B. 复相关 C. 无相关 D. 负相关

21. 回归系数与相关系数的符号是一致的，其符号均可用来判断现象是（ ）。

A. 正相关还是负相关 B. 线性相关还是非线性相关

C. 单相关还是复相关 D. 完全相关还是不完全相关

22. 从变量之间相关的表现形式看，相关可分为（ ）。

A. 正相关和负相关 B. 直线相关和曲线相关

C. 单相关和复相关 D. 完全相关和无相关

23. 在回归分析中，自变量同因变量地位不同，在变量 $x$ 与 $y$ 中，$y$ 倚 $x$ 回归与 $x$ 倚 $y$ 回归是（ ）。

A. 同一个问题 B. 有联系但意义不同的问题

C. 一般情况下是相同的问题 D. 是否相同，视两变量具体内容而定

24. 已知变量 $x$ 与变量 $y$ 之间存在着负相关，指出下列回归方程中，哪一个肯定是错误的？（ ）

A. $\hat{y}=-10-0.82x$ B. $\hat{y}=-9.5-2.1x$

C. $\hat{y}=-140+0.76x$ D. $\hat{y}=23-1.4x$

25. 配合回归直线最合理的方法是（ ）。

A. 最小平方法 B. 半数平均法 C. 随手画线法 D. 移动平均法

## 四、多项选择题

1. 下列哪些现象之间的关系为相关关系？（ ）

A. 家庭收入与消费支出的关系 B. 圆的半径与面积的关系

C. 广告支出与商品销售额的关系 D. 单位产品成本与利润的关系

E. 若价格固定，销售量与销售额的关系

2. 计算相关系数时（ ）。

A. 相关的两个变量都是随机的

B. 相关的两个变量是对等关系

C. 两个变量一个是随机的，一个是可控制的

D. 可以计算自变量和因变量两个相关系数

E. 相关系数有正负号，可判断相关的方向

3. 直线回归分析中（ ）。

A. 自变量是可控制的，因变量是随机的

B. 两个变量不是对等的关系

C. 利用一个回归方程，两变量可互相推算

D. 根据回归系数可判定相关的方向

E. 无明显因果关系的两相关变量可求得两个回归方程

4. 可以判断现象之间相关方向的指标有（ ）。

A. 估计标准误差　　B. 相关系数

C. 回归系数　　D. 两个变量的协方差

E. 两个变量的标准差

5. 设单位产品成本（元）对产量（千件）的一元线性回归方程为 $y_c = 85 - 5.6x$，这意味着（ ）。

A. 单位成本与产量之间存在着负相关

B. 单位成本与产量之间存在着正相关

C. 产量为 1 000 件时，单位成本估计值为 79.4 元

D. 产量每增加 1 千件，单位成本平均增加 5.6 元

E. 产量每增加 1 千件，单位成本平均减少 5.6 元

6. 机床使用年限与其维护费用之间关系属于（ ）。

A. 函数关系　　B. 相关关系　　C. 正相关关系　　D. 负相关关系

E. 无相关关系

7. 计算相关系数，可以（ ）。

A. 判定两现象间相关关系的密切程度

B. 说明两现象间的因果关系

C. 确定自变量与因变量间具体的变动关系

D. 由自变量推因变量

E. 说明两现象间相关关系的方向

8. 判定现象之间有无相关关系的方法有（ ）。

A. 编制相关表　　B. 绘制相关图

C. 计算估计标准误差　　D. 计算相关系数

E. 进行假设检验

9. 当现象完全相关时，相关系数为（ ）。

A. 0　　B. -1　　C. 0.5　　D. 1

E. -0.5

10. 确定直线回归方程必须满足的条件是（ ）。

A. 现象间确实存在数量上的相互依存关系

B. 相关系数 $r$ 必须等于 1

C. $y$ 与 $x$ 必须同方向变化

D. 现象间存在着较密切的直线相关关系

11. 当两个现象完全相关时，下列统计指标值可能为（ ）。

A. 相关系数等于 1　　B. 相关系数等于 0

C. 相关系数等于 -1　　D. 估计标准误差等于 0

E. 估计标准误差等于 1

12. 某产品的单位成本与工人劳动生产率之间的回归直线方程为 $y=30-0.6x$，则（　）。

A. −0.6 为回归系数

B. 30 是回归直线的起点纵坐标

C. 劳动生产率每增加一个单位，单位成本平均上升 0.6 元

D. 劳动生产率每增加一个单位，单位成本平均下降 0.6 元

E. −0.6 为回归系数

13. 估计标准误差的作用为（　）。

A. 说明回归方程式拟合的优劣程度　B. 说明 $y$ 值对回归直线的离散程度

C. 反映回归直线代表性好坏　D. 测量变量间相关关系的密切程度

E. 说明平均数代表性大小

14. 指出下列哪些现象是相关关系（　）。

A. 家庭收入与家庭储蓄　B. 物价水平与商品需求量

C. 时间与距离　D. 产量与施肥量

E. 学生的学号与考试成绩

15. 相关分析中的正相关是指（　）。

A. 自变量的值增加，因变量值随之相应增加

B. 自变量的值减少，因变量值随之相应减少

C. 自变量的值增加，因变量值相应地减少

D. 自变量的值减少，因变量值相应地增加

E. 自变量的值变动，因变量值不随之变动

**五、简答题**

1. 简述相关分析与回归分析的区别与联系。
2. 相关分析的主要内容有哪些？
3. 什么是相关关系？相关关系有什么特点？
4. 什么是估计标准误差？这个指标有什么作用？
5. 拟合直线回归方程有什么要求？其参数 $a$、$b$ 的含义是什么？
6. 简单直线相关分析有哪些特点？
7. 简述相关关系与函数关系的区别？
8. 相关与回归分析一般分哪几个步骤？
9. 怎样根据相关系数的取值来判别线性相关关系？

## 综合分析与计算

1. 某地区家计调查资料得到，每户平均年收入为 6 800 元，均方差为 800 元，每户平均年消费支出为 5 200 元，方差为 40 000 元，支出对于收入的回归系

数为0.2。

要求：

（1）计算收入与支出相关系数；

（2）拟合支出对于收入的回归方程；

（3）估计年收入在7 300元时的消费支出额；

（4）收入每增加1元，支出平均增加多少元？

2. 根据某地2010—2019年财政收入资料，得到财政收入趋势线为$\hat{y}=27+2.5t$（2010年$t=1$），又知该地区文教卫生支出与财政收入的回归直线$\hat{y}=-0.11+0.02x$，其中$x$是财政收入。试估计2020年该地区教科文卫的支出。（单位：万元）

3. 某工业企业某种产品产量与单位成本资料如下表所示：

| 年　份 | 2012 | 2013 | 2014 | 2015 | 2016 | 2017 | 2018 | 2019 |
|---|---|---|---|---|---|---|---|---|
| 产品产量/万件 | 2 | 3 | 4 | 3 | 4 | 5 | 6 | 7 |
| 单位成本/元/件 | 73 | 72 | 71 | 73 | 69 | 68 | 66 | 65 |

要求：

（1）根据上述资料，绘制相关图，判别该数列相关与回归种类；

（2）配合适当的回归方程；

（3）根据回归方程，指出每当产品产量增加1万件时，单位成本的变动情况；

（4）计算相关系数；

（5）计算估计标准误差；

（6）当产量为8万件时，在0.954 5的概率保证程度下，对单位成本做区间估计。

4. 某地区 40 个企业的工业生产固定资产原值和平均每昼夜原材料加工量资料如下表所示：

| 序号 | 固定资产/万元 | 平均每昼夜原料加工量/万吨 | 企业数/个 |
|---|---|---|---|
| 1 | 300 | 0.5 | 2 |
| 2 | 400 | 0.5 | 6 |
| 3 | 400 | 0.7 | 3 |
| 4 | 500 | 0.5 | 2 |
| 5 | 500 | 0.7 | 5 |
| 6 | 500 | 0.9 | 7 |
| 7 | 600 | 0.7 | 2 |
| 8 | 600 | 0.9 | 2 |
| 9 | 600 | 1.1 | 3 |
| 10 | 700 | 0.9 | 1 |
| 11 | 700 | 1.1 | 7 |

要求：（1）试根据表中资料，配合简单直线回归方程；

（2）计算相关系数。

5. 数据为：$n = 7$，$\sum x = 1\ 890$，$\sum y = 31.3$，$\sum y^2 = 174.15$，$\sum x^2 = 535\ 500$，$\sum xy = 9\ 318$。

要求：（1）根据上述数据，确定 $y$ 倚 $x$ 的简单直线回归方程；

（2）计算相关系数；

（3）计算估计标准误差。

6. 某地区 2010—2019 年个人消费支出和收入资料如下表所示：

单位：万元

| 年份 | 个人收入 | 消费支出 | 年份 | 个人收入 | 消费支出 |
|---|---|---|---|---|---|
| 2010 | 164 | 156 | 2015 | 207 | 188 |
| 2011 | 170 | 160 | 2016 | 225 | 202 |
| 2012 | 177 | 166 | 2017 | 243 | 218 |
| 2013 | 182 | 170 | 2018 | 265 | 236 |
| 2014 | 192 | 178 | 2019 | 289 | 255 |

要求：（1）判断两者为何种关系，计算两者相关系数；
（2）若为直线关系，利用所给资料建立回归方程；
（3）计算回归方程的估计标准误差；
（4）若个人收入为300亿元时，估计个人消费支出额。

7. 检查五位同学统计学的学习时间与成绩如下表所示：

| 学习时数/小时 | 学习成绩/分 |
|---|---|
| 4 | 40 |
| 6 | 60 |
| 7 | 50 |
| 10 | 70 |
| 13 | 90 |

根据资料：（1）建立学习成绩（$y$）倚学习时间（$x$）的直线回归方程；
（2）计算估计标准误差；
（3）对学习成绩的方差进行分解分析，指出总误差平方和中有多大比重可由回归方程来解释；
（4）由此计算出学习时数与学习成绩之间的相关系数。

8. 已知 $x$、$y$ 两变量：$\bar{x}=15$，$\bar{y}=41$。在直线回归方程中，当自变量 $x$ 等于0时，$\hat{y}=5$，又知 $\sigma_x=1.5$，$\sigma_y=6$，试求估计标准误差。

# 综合测试一

**一、填空题（10 分）**

1. 统计一词包含________、________和________三种含义。

2. 统计的研究对象是________________________________________。

3. 统计调查按调查对象包括的范围不同分为________和________。

4. 统计分组的关键在于________和________。

5. 某公司计划劳动生产率比去年提高 10%，实际提高 15%，则该公司劳动生产率计划完成程度为________。

6. 调和平均数是各变量值________的算术平均数的倒数。

7. 常用的速度指标有________、________、________和________。

8. 作为综合指数变形的加权算术平均数指数的权数是________；加权调和平均数指数的权数是________。

9. 在重复简单随机抽样条件下，抽样平均误差和总体标志变动度的大小成________，与样本容量的平方根成________，如其他条件不变，抽样平均误差减少，则样本容量应________。

10. 已知 $x$ 变量的标准差为 2，$y$ 变量的标准差为 5，两变量的相关系数是 0.8，则回归系数是________。

**二、判断题（10 分）**

1. 人口普查中，某人“男性”是品质标志，“20 岁”是数量标志。（　）

2. 标志是不能用数值表示的，而指标都是可用数值表示的。（　）

3. 调查对象是调查项目的承担者。（　）

4. 次数分配数列是将总体按数量标志分组所形成的数列。（　）

5. 算术平均数反映总体各单位标志值的离中趋势。（　）

6. 计划完成程度的计算结果超过 100%，表示计划任务超额完成。（　）

7. 相对数时间数列求序时平均数时，根据所给数列简单平均即可。（　）

8. 在平均指标变动因素分析中，可变构成指数是专门用以反映总体构成变化影响的指数。（　）

9. 区间估计的精确度和可靠程度是一对矛盾。（　）

10. 利用最小平方法配合的直线回归方程，要求实际测定的所有相关点和直线上的距离平方和为零。（　）

**三、单项选择题（10 分）**

1. 社会经济统计学的研究对象是（　）。

A. 抽象的数量关系

B. 社会经济现象的规律性

C. 社会经济现象的数量特征和数量关系

D．社会经济统计认识过程的规律和方法

2. 某城市进行工业企业未安装设备普查，总体单位是（　）。

A. 工业企业全部未安装设备　　B. 工业企业每一台未安装设备

C. 每个工业企业的未安装设备　　D. 每一个工业企业

3. 调查首钢、宝钢、鞍钢等几个大型钢厂的钢产量来了解我国钢产量基本情况，此方式属于（　）。

A. 普查　　B. 抽样调查　　C. 典型调查　　D. 重点调查

4. 按分组标志特征不同，次数分配数列可以分为（　）。

A. 等距数列和异距数列　　B. 品质数列和变量数列

C. 单项数列和组距数列　　D. 动态数列和指数数列

5. 某厂劳动生产率计划比去年提高 8%，实际仅提高 4%，则劳动生产率计划完成程度为（　）。

A. $\frac{8\%}{4\%}$　　B. $\frac{4\%}{8\%}$　　C. $\frac{108\%}{104\%}$　　D. $\frac{104\%}{108\%}$

6. 某工厂有三个流水作业的车间，某月份车间制品合格率依次为 95%、90%、85%。平均车间合格率为（　）。

A. $\frac{3}{\frac{1}{0.95}+\frac{1}{0.90}+\frac{1}{0.85}}$　　B. $\sqrt[3]{0.95\times0.90\times0.85}$

C. $\frac{0.95+0.90+0.85}{3}$　　D. $\frac{0.95\times0.90\times0.85}{3}$

7. 累计增长量等于相应的各个逐期增长量（　）。

A. 之差　　B. 之商　　C. 之积　　D. 之和

8. 某工业企业生产甲、乙、丙三种产品，2019 年比 2018 年总产值增长 10%，出厂价格均不变，则产品产量指数为（　）。

A. 101%　　B. 120%　　C. 100%　　D. 110%

9. 根据抽样调查资料，某企业工人定额平均完成 105%，抽样平均误差为 1，概率为 95.45% 时，可以确定生产定额平均完成百分比（　）。

A. 大于 107%　　B. 不大于 103% 和不小于 107%

C. 在 103% 与 107% 之间　　D. 小于 103%

10. 从变量相关方向看，相关关系可分为（　）。

A. 完全相关和不完全相关　　B. 直线相关和曲线相关

C. 单相关和复相关　　D. 正相关和负相关

**四、多项选择题（10 分）**

1. 下列各项中，哪些是质量指标？（　）

A. 工资总额　　B. 单位产品成本　　C. 出勤人数　　D. 人口密度

E. 合格品率

2. 在统计整理之前，对原始资料进行审核的主要内容有（　）。

A. 原始资料的社会性
B. 原始资料的准确性
C. 原始资料的及时性
D. 原始资料的系统性
E. 原始资料的完整性

3. 关于极差，下列说法正确的有（　）。

A. 只能说明变量值变异的范围
B. 不反映所有变量值差异的大小
C. 能较为精确反映数据的分布情况
D. 最大的缺点是易受极端值的影响
E. 最大的优点是不受极端值的影响

4. 同度量因素的作用有（　）。

A. 平衡作用
B. 权数作用
C. 同度量作用
D. 联系作用
E. 比较作用

5. 设单位产品成本（元）对产量（千件）的一元线性回归方程为 $y_c = 85 - 5.6x$，这意味着（　）。

A. 单位成本与产量之间存在着负相关
B. 单位成本与产量之间存在着正相关
C. 产量为 1 000 件时，单位成本估计值为 79.4 元
D. 产量每增加 1 千件，单位成本平均增加 5.6 元
E. 产量每增加 1 千件，单位成本平均减少 5.6 元

**五、简答题（10 分）**

1. 统计调查有哪些组织方式?

2. 简述时期指标与时点指标的区别与联系。

3. 简述时间数列的构成要素及其分类。

4. 影响抽样误差的因素有哪些?

5. 简述相关分析与回归分析的区别与联系。

## 六、计算题（50分）

1. 某企业2019年某种产品单位成本为1 000元，2020年计划规定比2019年下降10%，实际下降8%，试确定：

（1）该种产品2020年单位成本计划与实际的数值。

（2）2020年单位产品成本计划完成程度。

（3）2020年单位产品成本实际比计划多或少降低的百分点。

2. 某油田某年石油产量计划完成程度如下表所示，试求该油田的平均计算完成程度。

| 采油部门 | 计划完成/% | 实际产量/万吨 |
|---|---|---|
| 第一采油部 | 107.5 | 1 032 |
| 第二采油部 | 98.4 | 738 |
| 第三采油部 | 102.0 | 561 |

3. 某商场2019年商品库存额资料如下表所示：

单位：万元

| 时间 | 1月1日 | 3月15日 | 6月30日 | 10月15日 | 12月31日 |
|---|---|---|---|---|---|
| 商品库存额 | 1 038.6 | 1 042.4 | 1 036.2 | 1 038.0 | 1 044.8 |

要求：计算该商场2019年的平均商品库存额。

4. 某工厂生产三种产品，报告期与基期的产量和价格资料如下表所示：

| 产品名称 | 计量单位 | 产量 | | 价格/元 | |
|---|---|---|---|---|---|
| | | 基期 | 报告期 | 基期 | 报告期 |
| 甲 | 件 | 25 | 30 | 15 | 10 |
| 乙 | 吨 | 40 | 50 | 25 | 30 |
| 丙 | 台 | 20 | 30 | 10 | 8 |

要求：（1）计算总产值指数及总产值增减的绝对额。

（2）计算产量总指数及由于产量的变动增减的总产值。

（3）计算价格总指数及由于价格的变动增减的总产值。

（4）利用指数体系表明上述三个指数之间的关系（相对数和绝对数）。

5. 为了估计一分钟一次广告的平均费用，从 300 个电视台中随机抽取了 15 个电视台的样本。样本额均值为 2 400 元，标准差为 800 元，求电视台一分钟广告平均费用的抽样平均误差。（保留 2 位小数）

6. 某地区家计调查资料得到，每户平均年收入为 6 800 元，均方差为 800 元，每户平均年消费支出为 5 200 元，方差为 40 000 元，支出对于收入的回归系数为 0. 2。

要求：（1）计算收入与支出相关系数。

（2）拟合支出对于收入的回归方程。

（3）估计年收入在 7 300 元时的消费支出额。

（4）收入每增加 1 元，支出平均增加多少元？

# 综合测试二

一、填空题（10分）

1. 统计研究的特点是________、________、________和________。

2. 统计调查按组织形式分为________和________。

3. 统计整理是统计工作将反映________特征的原始资料转化为反映特征的基本过程之一，是________的前提。

4. 总量指标按反映总体内容不同，可分为________和 ________。

5. 算术平均数是________和________之比。

6. 时间数列按其指标的表现形式的不同，可分为________、________和________三种，其中________是基本时间数列。

7. 统计指数按指数化指标的性质不同，可分为________和________。

8. 样本总体又称为________，样本总体的单位数称为________。

二、判断题（10分）

1. 人口普查中，某人“男性”是品质标志，“20岁”是数量标志。(　)

2. 统计调查的首要问题是确定调查表。(　)

3. 统计整理是对社会经济现象个体的观察到总体量的认识的连接点。(　)

4. 统计分组实际上是通过分组保持组内统计资料的同质性，组间统计资料的差异性。(　)

5. 时点指标数值大小与时点间隔长短无直接关系。(　)

6. 几何平均数是位置平均数，不受极端数值影响。(　)

7. 累计增长量等于逐期增长量之和。(　)

8. 计算综合指数时，为了解决总体各要素的量不能直接相加而使用的媒介因素，叫同度量因素。(　)

9. 抽样总体中的每个单位都必须具有典型性或代表性。(　)

10. 现象之间的函数关系可以用一个数学表达式反映出来。(　)

三、单项选择题（10分）

1. 某城市进行工业企业未安装设备普查，总体单位是（　）。

A. 工业企业全部未安装设备　　B. 工业企业每一台未安装设备

C. 每个工业企业的未安装设备　　D. 每一个工业企业

2. 专门调查中属于全面调查的是（　）。

A. 重点调查　　B. 典型调查　　C. 抽样调查　　D. 普查

3. 为了了解工业企业期末在制品数量，调查人员去现场观察计数，这种收集资料的方法是（　）。

A. 采访法　　B. 询问法　　C. 直接观察法　　D. 报告法

4. 统计分组能够将（ ）。

A. 总体中性质相同的单位划分开来　B. 性质不同的总体划分开来

C. 总体中性质不同的单位划分开来　D. 性质相同的总体归并在一起

5. 直接反映总体规模大小的指标是（ ）。

A. 平均指标　B. 相对指标　C. 总量指标　D. 变异指标

6. 计算平均指标最常用的方法和最基本的形式是（ ）。

A. 中位数　B. 众数　C. 调和平均数　D. 算术平均数

7. 时间数列中每个指标数值可以相加的是（ ）。

A. 相对数时间数列　B. 时期数列

C. 平均数时间数列　D. 时间数列

8. 统计指数分为个体指数和总指数的条件是（ ）。

A. 计算是否加权　B. 指数化指标是否相同

C. 包括的范围是否相同　D. 同度量因素是否相同

9. 抽样推断中存在的误差（ ）。

A. 仅有代表性误差　B. 仅有登记性误差

C. 既有登记性误差又有代表性误差　D. 仅有偶然性误差

10. 相关系数的取值范围是（ ）。

A. $0 \leq r \leq 1$　B. $-1 < r < 1$　C. $-1 \leq r \leq 1$　D. $-1 \leq r \leq 0$

**四、多项选择题（10 分）**

1. 下列各项中，哪些是质量指标？（ ）

A. 工资总额　B. 单位产品成本　C. 出勤人数　D. 人口密度

E. 合格品率

2. 统计整理的基本步骤是（ ）。

A. 设计和编制统计整理方案　B. 对原始资料进行审核

C. 对原始资料进行统计分组　D. 统计汇总

E. 编制统计图表

3. 在各种平均指标中，不受极端数值影响的平均指标是（ ）。

A. 算术平均数　B. 调和平均数

C. 中位数　D. 几何平均数

E. 众数

4. 平均数指数（ ）。

A. 是个体指数的加权平均数

B. 是计算总指数的一种形式

C. 就计算方法来说是先综合后对比

D. 资料选择时，全面资料与非全面资料均可

E. 可作为综合指数的变形形式来使用

5. 抽样平均误差的大小取决于（　）。

A. 样本单位数的多少

B. 全及总体被研究标志的变异程度大小

C. 概率保证程度的大小

D. 抽样调查的组织方式

五、简答题（10 分）

1. 统计调查方案应包含哪些主要内容？

2. 简述算术平均数与强度相对数有何区别？

3. 什么是平均指标？其特征如何？

4. 什么是指数体系？它有何作用？

5. 抽样推断的组织方式有哪些？

六、计算题（50 分）

1. 某班学生按年龄分组资料如下，根据资料计算该班学生的平均年龄。（用两种公式计算）

| 年龄/岁 | 学生数/人 | 学生比重/% |
|---|---|---|
| 18 | 6 | 15 |
| 19 | 10 | 25 |
| 20 | 14 | 35 |
| 21 | 8 | 20 |
| 22 | 2 | 5 |
| 合计 | 40 | 100 |

2. 某商场2019年商品库存额资料如下表所示：

单位：万元

| 时间 | 1月1日 | 3月15日 | 6月30日 | 10月15日 | 12月31日 |
|---|---|---|---|---|---|
| 商品库存额 | 1 038.6 | 1 042.4 | 1 036.2 | 1 038.0 | 1 044.8 |

要求：计算该商场2019年的平均商品库存额。

3. 某企业总产值和职工人数资料如下表所示：

**某企业总产值和职工人数统计表**

| 月　份 | 3月 | 4月 | 5月 | 6月 |
|---|---|---|---|---|
| 总产值/万元 | 1 150 | 1 170 | 1 300 | 1 370 |
| 月末职工人数/千人 | 6.5 | 6.8 | 7.0 | 7.2 |

要求：计算该企业第二季度全员劳动生产率。

4. 某企业2018年、2019年生产费用及2019年产品成本降低率资料如下表所示：

| 产品名称 | 生产费用 | | 单位产品成本2019年比2018年降低/% |
|---|---|---|---|
| | 2018年 | 2019年 | |
| 甲 | 8 000 | 8 200 | 4 |
| 乙 | 5 000 | 5 100 | 2 |
| 合计 | 13 000 | 13 300 | — |

根据以上资料：计算该企业单位产品指数及由于单位产品成本降低节约的生产费用。

5. 要估计某地区 10 000 名适龄儿童的入学率，随机从这一地区抽取 400 名儿童，检查有 320 名儿童入学，求抽样入学率的平均误差。

6. 根据某地 2010—2019 年财政收入资料，得到财政收入趋势线为 $\hat{y}=27+2.5t$（2010 年 $t=1$），又知该地区文教卫生支出与财政收入的回归直线 $\hat{y}=-0.11+0.02x$，其中 $x$ 是财政收入。试估计 2020 年该地区教科文卫的支出。（单位：万元）

# 综合测试三

一、填空题（10 分）

1. 统计总体具有________、________和________三个主要特点。

2. 统计报表按报送周期长短不同，可分为________报、________报、________报、________。

3. 统计分组的关键在于________和________。

4. 统计分组按分组标志的属性和特征，可分为按________分组和按________分组；按选择分组标志多少的不同，可分为________分组和________分组。

5. 简单算术平均数可视为________条件下的加权算术平均数。

6. 时间数列动态分析指标包括两大类，一类为________指标，另一类为________指标。

7. 某种商品的价格今年比去年上涨10%，销售量下降8%，则该商品销售量增减百分比为________。

8. 在重复简单随机抽样条件下，抽样平均误差和总体标志变动度的大小成________，与样本容量的平方根成________，如其他条件不变，抽样平均误差减少，则样本容量应________。

二、判断题（10 分）

1. 数量指标的表现形式是绝对数，质量指标的表现形式是相对数和平均数。(　)

2. 调查问卷的题目就是调查问卷的主题。(　)

3. 重点单位的选择是客观的，典型单位的选择是主观的。(　)

4. 所谓“上组限不在内”原则，是指当某单位的标志值恰好等于某组上限时，就把该单位归入该组内。(　)

5. 绝对指标是最基本的统计指标。(　)

6. 各变量值与其算术平均数的离差平方和为最小值。(　)

7. 构成时间数列的因素按它们的性质和作用，可以分为长期趋势、季节变动、循环变动和不规则变动。(　)

8. 如果零售物价上涨5%，那么同样多的钱只能购买到原来95%的商品了。(　)

9. 样本容量的大小与抽样推断的可信程度成正比，与抽样极限误差成反比。(　)

10. 根据结果标志对因素标志的不同反映，可以把现象总体数量上的依存关系划分为函数关系和相关关系。(　)

三、单项选择题（10 分）

1. 产品合格率、废品率、工人劳动生产率、单位产品成本和利税额等 5 个指标，其中有几个属于质量指标？（　）

A. 4 个　　B. 3 个　　C. 2 个　　D. 1 个

2. 某市工商银行要了解 2019 年第三季度全市储蓄金额的基本情况，调查了储蓄金额最高的几个储蓄所，这种调查属于（　）。

A. 普查　　B. 重点调查　　C. 典型调查　　D. 抽样调查

3. 商场营业员填写的发票属于（　）。

A. 原始记录　　B. 统计台账　　C. 次级资料　　D. 统计报表

4. 由“开口组”变量数列计算组中至少，确定假设组限要根据（　）。

A. 全距的大小　　B. 邻组的组中值

C. 相邻组的组距　　D. 标志值得一般水平

5. 比例相对指标是用来反映总体内部各部分之间内在的（　）。

A. 计划关系　　B. 质量关系　　C. 强度关系　　D. 比例关系

6. 计算平均指标的基本原则是必须注意总体各单位在被平均标志上的（　）

A. 大量性　　B. 同质性　　C. 差异性　　D. 具体性

7. 若时间数列的二级增长量大致相同，可拟合（　）。

A. 直线方程　　B. 抛物线方程　　C. 指数线方程　　D. 双曲线方程

8. 在销售量综合指数 $\frac{\sum q_1p_0}{\sum q_0p_0}$ 中，$\sum p_0q_1 - \sum p_0q_0$ 表示（　）。

A. 价格变动引起销售额变动的绝对额

B. 价格不变，销售量变动引起销售额变动的绝对额

C. 价格不变，销售量变动的绝对额

D. 销售量和价格变动引起销售额变动的绝对额

9. 计算必要样本容量时，若总体方差未知，应当从几个可供选择的样本方差中选择数值（　）。

A. 最小的　　B. 任意的　　C. 最大的　　D. 适中的

10. 配合回归直线最合理的方法是（　）。

A. 最小平方法　　B. 半数平均法　　C. 随手画线法　　D. 移动平均法

四、多项选择题（10 分）

1. 统计总体的基本特征有（　）。

A. 客观性　　B. 数量性　　C. 大量性　　D. 同质性

E. 差异性

2. 统计表从内容上看，由（　）构成。

A. 总标题　　B. 横行标题　　C. 纵栏标题　　D. 主词

E. 宾词

3. 下列标志变异指标用有名数表示的有（ ）

A. 全距　B. 平均差　C. 标准差　D. 平均差系数

E. 标准差系数

4. 报告期数值与基期数值之比，可称为（ ）。

A. 动态相对数　B. 发展速度　C. 增长速度　D. 比例相对数

E. 统计指数

5. 影响抽样数目的因素有（ ）。

A. 被调查标志的变异程度　B. 允许误差

C. 概率度　D. 抽样方法

E. 抽样的组织方式

## 五、简答题（10 分）

1. 统计调查方案应包含哪些主要内容？

2. 什么是强度相对数的正负指标？

3. 什么是季节变动？如何测定季节变动？

4. 简要说明我国零售物价指数的编制方法。

5. 什么是区间估计？为什么说它比点估计更科学？

## 六、计算题（50 分）

1. 某市“十三五”计划规定 2020 年（最末一年）钢产量达到 700 万吨，实际生产情况如下表所示：

单位：万吨

| 年份 | 2016 年 | 2017 年 | 2018 年 | 2019 年 | | | | 2020 年 | | | |
|---|---|---|---|---|---|---|---|---|---|---|---|
| | | | | 一季度 | 二季度 | 三季度 | 四季度 | 一季度 | 二季度 | 三季度 | 四季度 |
| 产量 | 450 | 480 | 520 | 160 | 160 | 180 | 170 | 180 | 170 | 210 | 210 |

计算该市“十三五”钢产量计划完成情况，提前多少时间完成？

2. 某管理局所属企业工人的工资资料如下表所示：

| 工人工资/元 | 企业数/家 | 工人比重/% |
|---|---|---|
| 1 400 ~ 1 500 | 3 | 20 |
| 1 500 ~ 1 600 | 6 | 25 |
| 1 600 ~ 1 700 | 4 | 30 |
| 1 700 ~ 1 800 | 4 | 15 |
| 1 800 以上 | 5 | 10 |

求该局工人的平均工资，并指出哪个指标是适宜的权数？

3. 某企业各年职工人数中女职工所占比重资料如下表所示：

**某企业各年职工人数、女职工所占比重统计表**

| 时间 | 2016 年年末 | 2017 年年末 | 2018 年年末 | 2019 年年末 |
|---|---|---|---|---|
| 女职工比重/% | 20 | 16 | 20 | 25 |
| 女职工人数/人 | 100 | 96 | 108 | 155 |
| 全部职工人数/人 | 500 | 600 | 540 | 620 |

要求：计算该企业 2016—2019 年平均每年的女职工比重。

4. 根据以下资料计算产量总指数以及由于产量变动使企业增减的产值。

| 产品名称 | 实际产值/万元 | | 2019 年比 2018 年产量增长/% |
|---|---|---|---|
| | 2018 年 | 2019 年 | |
| 甲 | 200 | 240 | 25 |
| 乙 | 450 | 485 | 10 |
| 丙 | 350 | 480 | 40 |
| 合计 | 1 000 | 1 205 | — |

5. 某种包装箱中放有 20 袋食糖，要求每袋重量 1 000 克，为检查袋装食糖的重量是否符合规定要求，现从待检的 400 箱中随机抽取 10 箱，得知各箱中每袋的平均重量（克）分别为：1 010、1 005、990、995、1 020、1 030、1 000、1 015、1 025、980，试在 99.73% 的概率保证下，对全部待检食糖每袋的平均重量做区间估计。

# 综合测试四

**一、填空题（10 分）**

1. 统计总体有________总体和________之分。

2. 统计报表是按照国家有关法规的规定，自________地统一布置，定期的自________地逐级提供统计资料的一种统计调查方式。

3. 按品质标志分组形成的次数分布数列称为________，按数量标志分组后形成的次数分布数列称为________。

4. 区分简单分组和复合分组的依据是________。

5. 综合指标包括________指标、________指标和________指标。

6. 标志变异指标数值越大，说明总体各单位标志值的离散程度________，则平均指标的代表性就________。

7. 定基增长速度是________与________之比。

8. 用综合法编制的指数都由两个因素构成，一个是________因素，另一个是________因素。

9. 点估计是直接用________估计总体指标的推断方法。点估计不考虑________及________。

10. 估计标准误差是用来说明________代表性大小的统计分析指标。

**二、判断题（10 分）**

1. 统计总体的特征可以概括为大量性、同质性和变异性。（ ）

2. 统计一词包含统计工作、统计资料和统计指标等三种含义。（ ）

3. 抽样调查主要用来搜集某些不能够或者不适宜用定期全面统计报表搜集的统计资料。（ ）

4. 复合设计可深入说明总体的特征，但如果分组标志过多，会造成宾词指标的栏数成倍增加。（ ）

5. 某市工商行年末共有一万存款户，年末存款额为 240 万元，平均每户存款额 240 元，这是一个强度相对数。（ ）

6. 反映总体各单位标志值的离散程度只能用相对数不能用绝对数。（ ）

7. 在平均发展速度的两种基本算法中，几何平均法侧重考察现象的整个发展过程，而高次方程法侧重考察现象最末期的发展水平。（ ）

8. 在由三个指数构成的指数体系中，两个因素指数的同度量因素指标是不同期的。（ ）

9. 在抽样推断中，作为推断对象的总体和作为观察对象的样本都是确定的、唯一的。（ ）

10. 估计标准误差指的就是实际值 $y$ 与估计值 $\hat{y}$ 的平均误差程度。（ ）

## 三、单项选择题（10 分）

1. 某城市进行工业企业未安装设备普查，总体单位是（ ）。

A. 工业企业全部未安装设备　　B. 工业企业每一台未安装设备

C. 每个工业企业的未安装设备　　D. 每一个工业企业

2. 为了了解工业企业期末在制品数量，调查人员去现场观察计数，这种收集资料的方法是（ ）。

A. 采访法　　B. 询问法　　C. 直接观察法　　D. 报告法

3. 按分组标志特征不同，次数分配数列可以分为（ ）。

A. 等距数列和异距数列　　B. 品质数列和变量数列

C. 单项数列和组距数列　　D. 动态数列和指数数列

4. 总量指标以何种形式表示？（ ）

A. 绝对数形式　　B. 相对数形式　　C. 平均数形式　　D. 百分数形式

5. 某商场去年末彩电库存量 1 000 台，该指标为（ ）。

A. 时期指标，实物指标　　B. 时点指标，实物指标

C. 时期指标，价值指标　　D. 时点指标，价值指标

6. 算术平均数的基本形式是（ ）。

A. 同一总体不同部分对比

B. 总体的部分数值与全部数值对比

C. 不同总体两个有联系的指标数值对比

D. 各总体单位数量标志值之和与总体单位数之比

7. 静态平均数和动态平均数的共同点是（ ）。

A. 两者都是反应现象的一般水平

B. 都可消除现象在时间上波动的影响

C. 都是反映同一总体的一般水平

D. 共同反映同质总体在不同时间上的一般水平

8. 编制综合指数中的数量指标指数时，其同度量因素一般固定在（ ）。

A. 报告期　　B. 基期　　C. 计划期　　D. 任何时期

9. 全及总体是唯一确定的，样本总体（ ）。

A. 也唯一　　B. 有无数个　　C. 不唯一　　D. 有 $C_N^n$ 个

10. 测定变量之间相关密切程度的代表性指标是（ ）。

A. 估计标准误差　　B. 相关系数

C. 两个变量的协方差　　D. 两个变量的标准差

## 四、多项选择题（10 分）

1. 我国第七次人口普查的标准时点是 2020 年 11 月 1 日零时，下列情况应统计人口数的有（ ）。

A. 2020 年 11 月 2 日出生的婴儿　　B. 2020 年 10 月 31 日出生的婴儿

C. 2020 年 10 月 31 日死亡的人　　D. 2020 年 11 月 1 日 1 时死亡的人
E. 2020 年 10 月 31 日出生、11 月 1 日 6 时死亡的人
2. 属于强度相对指标的有（　）。
A. 人口出生率　B. 资产收益率　C. 人均国民收入　D. 人口密度
E. 某市每千人拥有手机数
3. 关于极差，下列说法正确的有（　）。
A. 只能说明变量值变异的范围　B. 不反映所有变量值差异的大小
C. 能较为精确反映数据的分布情况　D. 最大的缺点是易受极端值的影响
E. 最大的优点是不受极端值的影响
4. 定基发展速度与环比发展速度的数量关系是（　）。
A. 定基发展速度等于相应的环比发展速度的连乘积
B. 两个相邻的定基发展速度之商等于相应的环比发展速度
C. 定基发展速度与环比发展速度的基期一致
D. 定基发展速度等于相应的环比发展速度之和
E. 定基发展速度等于相应的环比发展速度之差
5. 概率度、准确度和可靠性关系表现在（　）。
A. 概率度增大，估计的可靠性也增大
B. 概率度增大，估计的精确度下降
C. 概率度缩小，估计的精确度缩小
D. 概率度增大，估计的精确度缩小
E. 概率度增大，估计的可靠性缩小

**五、简答题（10 分）**

1. 举例说明统计总体和总体单位之间的关系。

2. 选择分组标志应遵循的原则是什么？

3. 什么是标准差系数？为什么要计算标准差系数？

4. 在综合指数的计算中，选取同度量因素固定时期的一般原则是什么？

5. 拟合直线回归方程有什么要求？其参数 $a$、$b$ 的含义是什么？

## 六、计算题（50分）

1. 某地区某年国民收入为320亿元，其中用于消费的为220亿元，用于积累的为100亿元。该地区该年年平均人口2 950万人。

要求：

（1）分析该地区国民收入中积累和消费的构成比例关系。

（2）计算人均国民收入强度相对指标。

2. 甲班40名同学平均身高为171厘米，平均差为8.5厘米；乙班身高资料：

| 身高（厘米） | 人数（人） |
|---|---|
| 150～160 | 5 |
| 160～170 | 11 |
| 170～180 | 19 |
| 180～190 | 5 |
| 合计 | 40 |

比较两班平均身高的代表性。

3. 某地区社会总产值资料如下表所示：

**某地区社会总产值统计表**

| 年份 | 社会总产值/亿元 |
|---|---|
| 2015 | 400 |
| 2016 | 480 |
| 2017 | 570 |
| 2018 | 670 |
| 2019 | 790 |

要求：用最小平方法拟合社会总产值的趋势直线方程；并预测2022年该地区的社会总产值。

4. 已知三种商品的销售额及个体价格指数资料如下表所示：

| 商品名称 | 计量单位 | 实际销售额/万元 | | 个体价格指数/% |
| --- | --- | --- | --- | --- |
| | | 基期 | 报告期 | |
| 甲 | 千克 | 124 | 146 | 115 |
| 乙 | 件 | 68 | 94 | 120 |
| 丙 | 双 | 87 | 106 | 110 |
| 合计 | — | 279 | 346 | — |

计算：（1）三种商品的销售额总指数。

（2）三种商品的价格总指数。

（3）三种商品的销售量总指数。

5. 某市开展职工家计调查，根据历史资料该市职工家庭平均每人年收入的标准差为250元，而家庭消费的恩格尔系数（即家庭食品支出占消费总支出额的比重）为65%。现在用重复抽样的方法，要求在95.45%的概率保证下，平均收入的极限误差不超过20元，恩格尔系数的极限误差不超过4%。确定样本容量的单位数。

# 综合测试五

## 一、填空题（10分）

1. 统计工作全过程分为四个阶段，即________、________、________和________。

2. 若要调查某地区工业企业职工的生活状况，调查对象是________调查单位是________，填报单位是________。

3. 根据分组标志特征的不同，分布数列可分为________数列和________数列。

4. 长期计划任务有的按计划期末应达到的水平下达，有的按全期累计完成量下达，因而检查计划时相应有________和________。

5. 平均指标反映总体变量分布的________趋势，标志变异指标则反映总体变量分布的________趋势。

6. 最小二乘法可以拟合________趋势模型和________趋势模型。

7. 加权平均数指数有________、________和________三种。

8. 回归直线方程 $\hat{y}=a+bx$ 中，$b$ 是________。估计选定参数 $a$ 和 $b$ 的常用方法是________。

## 二、判断题（10分）

1. 构成统计总体的各个单位，它们至少有一个标志是不变标志。(　)

2. 所有的标志和指标都可以用数值表示。(　)

3. 普查是专门组织的经常性全面调查。(　)

4. 单项式变量数列一般在变量值不多，且变量值的变动范围不大，变量离散型的条件下采用。(　)

5. 时期指标的数值大小与时期长短有关，时期越长，则对应的指标值越大。(　)

6. 各标志值与算术平均数离差之和大于0。(　)

7. 两个相邻的定基发展速度相除可得最初水平。(　)

8. 某商店电视机、电冰箱、电动车三种商品的销售量指数分别为106%、94%、112%，这三种商品的总销售量指数是（106% +94% +112%）÷3 =104%。(　)

9. 抽样极限误差可以小于、大于或等于抽样平均误差。(　)

10. （甲）某产品产量与单位成本的相关系数是 -0.8；（乙）产品单位成本与利润率的相关系数是 -0.95。因此，（乙）比（甲）的相关程度高。(　)

## 三、单项选择题（10分）

1. 在全国人口普查中，下列哪一种说法是正确的？(　)

A. 男性是品质标志　　　　B. 人的年龄是变量

C. 人口的平均寿命是数量标志　　D. 全国的人口是统计指标

2. 重点单位是指（　）。

A. 具有代表性的单位

B. 这些单位的个数在总体中占很大比重

C. 这些单位的标志总量占总体标志总量中的绝大部分

D. 这些单位在全局工作中处于重要地位

3. 按分组标志特征不同，次数分配数列可以分为（　）。

A. 等距数列和异距数列　　B. 品质数列和变量数列

C. 单项数列和组距数列　　D. 动态数列和指数数列

4. 下列属于变量分配数列的是（　）。

A. 大学生按专业分组　　B. 电站按发电能力分组

C. 商业企业按经济类型分组　　D. 企业按国民经济部门分组

5. 计划完成程度相对指标（　）。

A. 以大于100%为超额完成计划　　B. 以小于100%为超额完成计划

C. 以100%完成计划为最好　　D. 视现象性质而定

6. 设有8个工人生产某种产品，他们某日的日产量（件）按顺序排列是：4、6、6、8、9、12、14、15，则日产量的中位数是（　）。

A. 4.5　　B. 8和9　　C. 8.5　　D. 无中位数

7. 某企业今年3月份销售额与去年3月份的销售额对比的指标是（　）。

A. 定基发展速度　　B. 环比发展速度

C. 平均发展速度　　D. 年距发展速度

8. 总指数有两种计算形式，即（　）。

A. 个体指数和综合指数

B. 综合指数和平均数指数

C. 算术平均数指数和调和平均数指数

D. 综合指数和平均指标指数

9. 区间估计的置信度是指（　）。

A. 概率　　B. 允许误差的大小

C. 概率保证程度　　D. 抽样平均误差的大小

10. 如果变量 $x$ 和变量 $y$ 之间的相关系数为 $-1$，这说明两变量之间是（　）。

A. 低度相关关系　　B. 完全相关关系

C. 高度相关关系　　D. 完全不相关

**四、多项选择题（10分）**

1. 下列变量中，属于离散变量的有（　）。

A. 机床台数　　B. 学生人数　　C. 耕地面积　　D. 粮食产量

E. 汽车产量

2. 统计分组同时具备两个方面的含义（ ）。

A. 对个体来讲是“分”　　B. 对个体来讲是“合”

C. 对总体来讲是“分”　　D. 对总体来讲是“合”

E. 无法确定“分”与“合”

3. 平均差的缺点是（ ）。

A. 最易受极端值的影响　　B. 未充分利用每一个数据的信息

C. 在数学性质上不是最优的　　D. 不能反映数据的离散程度

E. 计算绝对值，数据处理相对较难

4. 总指数（ ）。

A. 是反映复杂社会经济现象综合变动的

B. 是一种特殊的相对数

C. 可以用综合指数或平均数指数编制

D. 是反映个别事物变动的相对数

E. 只能用综合指数编制

5. 下面哪几项属于按无关标志对总体各单位进行等距抽样（ ）。

A. 城市居民家计调查按街道的门牌号码抽取调查户

B. 进行工厂职工家计调查，按上年度各工厂职工月平均工资排队，抽取调查单位

C. 农产量抽样调查利用各县或乡近三年平均亩产或当年估计亩产排队，抽取调查单位

D. 工业产品质量抽查按生产的时间顺序取样

E. 农产量抽样中，总体单位按自然位置或行政区域的顺序排队抽取样本

**五、简答题（10 分）**

1. 试比较各种不同类型的非全面调查。

2. 简述算术平均数与强度相对数有何区别?

3. 简述标志变异指标的意义和作用。

4. 简述累计增长量与逐期增长量、定基发展速度与环比发展速度之间的关系。

5. 简单直线相关分析有哪些特点？

## 六、计算题（50 分）

1. 某年某工业公司所属企业的有关资料如下表所示：

| 所属企业 | 工人数/人 | 实际产值/万元 | 计划完成程度/% |
|---|---|---|---|
| 一厂 | 340 | 2 800 | 100 |
| 二厂 | 510 | 4 000 | 103 |
| 三厂 | 620 | 4 000 | 90 |
| 四厂 | 790 | 9 000 | 110 |
| 五厂 | 840 | 7 000 | 90 |
| 六厂 | 1 100 | 13 000 | 119 |
| 七厂 | 100 | 800 | 104 |
| 八厂 | 140 | 1 000 | 102 |
| 九厂 | 200 | 1 700 | 98 |

试将以上资料按计划完成程度分组，并汇总各组企业数、工人数、实际产值，将整理结果编制一张统计表。（提示：可分三组，组距 10%）

2. 国家统计局社会经济调查队于 2019 年 7 月，在全国抽取 10 个省的 3 722 户高收入家庭进行固定资产调查，调查结果如下表所示：

| 固定资产/万元 | 户数/户 |
|---|---|
| 10 以下 | 1 176 |
| 10 ~ 50 | 1 569 |
| 50 ~ 100 | 499 |
| 100 ~ 1 000 | 442 |
| 1 000 以上 | 36 |
| 合计 | 3 722 |

要求：

（1）在99.52%的概率保证程度下，估计全国有经营活动的高收入家庭拥有的平均固定资产的可能范围。

（2）假定拥有固定资产在100万元以上的家庭拥有自己的公司或企业，在99.52%的概率保证程度下，估计拥有自己的公司或企业的家庭所占的比重。

3. 甲班40名同学平均身高为173厘米，标准差为105厘米；乙班身高资料：

| 身高/厘米 | 人数/人 |
|---|---|
| 150~160 | 5 |
| 160~170 | 11 |
| 170~180 | 19 |
| 180~190 | 5 |
| 合计 | 40 |

比较两班平均身高的代表性。

4. 某公司第四季度的有关资料如下表所示：

单位：万元

| 时　间 | 9月 | 10月 | 11月 | 12月 |
|---|---|---|---|---|
| 商品销售额 | 100 | 110 | 120 | 130 |
| 月末商品库存额 | 36 | 38 | 42 | 144 |
| 流通费用额 | 10.8 | 9.8 | 9.8 | 9.5 |

要求：根据资料计算

（1）第四季度平均销售额和平均库存额。

（2）各月商品流转次数和商品流通费用率。

（3）第四季度商品流转次数和商品流通费用率。

5. 计算销售额指数、销售量总指数和价格总指数，并从相对数和绝对数两个方面进行因素分析。

| 商品名称 | 计量单位 | 销售量 | | 价格/元 | |
|---|---|---|---|---|---|
| | | 基期 | 报告期 | 基期 | 报告期 |
| A | 件 | 12 500 | 15 000 | 10 | 11 |
| B | 台 | 12 000 | 16 800 | 60 | 54 |
| C | 米 | 6 000 | 5 700 | 2.0 | 2.3 |

# 综合测试六

## 一、填空题（10 分）

1. 一件商品的价格在标志分类中属于________。

2. 凡是客观存在，并在某一相同性质基础上结合起来的许多个别事物的整体叫________，每个个别事物叫________。

3. 调查表有两种形式：________和________。

4. 连续型变量，划分组限时相邻组的组限必须________；对于离散型变量，划分组限时相邻组的组限应该________。

5. 长期计划任务有的按计划期末应达到的水平下达，有的按全期累计完成量下达，因而检查计划时相应有________和________。

6. 是非标志的算术平均数是________，标准差是________。

7. 时间数列按其指标的表现形式的不同，可分为________、________和________三种，其中________是基本时间数列。

8. 作为综合指数变形的加权算术平均数指数的权数是________；加权调和平均数指数的权数是________。

9. 在重复简单随机抽样条件下，抽样平均误差和总体标志变动度的大小成________，与样本容量的平方根成________，如其他条件不变，抽样平均误差减少，则样本容量应________。

## 二、判断题（10 分）

1. 在研究某城市商业职工状况中，某商业企业的营业员人数是指标。（ ）

2. 确定标准时点可以使普查资料都反映同一时点的情况。（ ）

3. 在等距数列中，组距的大小与组数的多少成反比。（ ）

4. 离散型变量可做单项式分组或组距式分组，而连续型变量只能做组距式分组。（ ）

5. 位置平均数是根据变量值在变量数列中所处的位置特征而确定的。（ ）

6. 计划完成程度的计算结果超过 100%，表示计划任务超额完成。（ ）

7. 间隔相等的间断时点数列序时平均数的计算采用“首末折半简单算术平均法”。（ ）

8. 价格降低后，同样多的人民币可多购商品量 15%，说明物价下降了 15%。（ ）

9. 点估计是用样本的统计量直接估计和代表总体参数。（ ）

10. 相关系数 $r$ 取值范围在 +1 和 −1 之间。（ ）

## 三、单项选择题（10 分）

1. 在全国人口普查中，下列哪一种说法是正确的？（ ）

A. 男性是品质标志　　B. 人的年龄是变量

C. 人口的平均寿命是数量标志　　D. 全国的人口是统计指标

2. 重点单位是指（　）。

A. 具有代表性的单位

B. 这些单位的个数在总体中占很大比重

C. 这些单位的标志总量占总体标志总量中的绝大部分

D. 这些单位在全局工作中处于重要地位

3. 下列属于变量分配数列的是（　）。

A. 大学生按专业分组　　B. 电站按发电能力分组

C. 商业企业按经济类型分组　　D. 企业按国民经济部门分组

4. 次数分布数列中的次数是指（　）。

A. 分组的数量标志　　B. 分组的组数

C. 分布在各组的总体单位数　　D. 组中值

5. 下列属于结构相对指标的是（　）。

A. 人均粮食产量　　B. 职工平均工资

C. 产品合格率　　D. 积累与消费的比例

6. 当变量值中有一项为0，则不能计算（　）。

A. 算术平均数和调和平均数　　B. 调和平均数和几何平均数

C. 算术平均数和几何平均数　　D. 众数和中位数

7. 某企业今年3月份销售额与去年3月份的销售额对比的指标是（　）。

A. 定基发展速度　　B. 环比发展速度

C. 平均发展速度　　D. 年距发展速度

8. 某企业报告期产量比基期增长了10%，生产费用增长了8%，则其产品单位成本降低了（　）。

A. 1.8%　　B. 2.2%　　C. 20%　　D. 18%

9. 如果扩大抽样允许误差，则抽样推断的精确度会（　）。

A. 提高　　B. 降低　　C. 不变　　D. 无法判断

10. 某校通过调查、计算，建立了考试成绩依学习时间的直线回归方程：$y_c = 180 - 5x$，该方程明显有误，错误在于（　）。

A. $a$ 值的计算有误，$b$ 值是对的　　B. $b$ 值的计算有误，$a$ 值是对的

C. $a$ 值和 $b$ 值的计算都有错误　　D. 自变量和因变量的关系搞错了

**四、多项选择题（10分）**

1. 乡镇企业抽样调查中，抽取的每一个乡镇企业是（　）。

A. 调查主体　　B. 调查对象　　C. 调查单位　　D. 调查项目

E. 填报单位

2. 相对指标的表现形式是（　）。

A. 系数　B. 倍数　C. 成数　D. 复名数
E. 百分数或千分数

3. 以下各数列中属于时点数列的是（　）。
A. 某企业的历年年末职工人数
B. 某商业企业的历年年末商品库存额
C. 某商店各月销售额
D. 某地各月储蓄存款余额
E. 某企业某年各月产值

4. 常用的样本指标有（　）。
A. 样本平均数　B. 样本标准差　C. 样本容量　D. 样本成数
E. 抽样平均误差

5. 可以判断现象之间相关方向的指标有（　）。
A. 估计标准误差　B. 相关系数
C. 回归系数　D. 两个变量的协方差
E. 两个变量的标准差

**五、简答题（10 分）**

1. 统计研究的基本方法有哪些？

2. 什么是分布数列？它有哪些种类？

3. 算术平均数的数学性质有哪些？

4. 综合指数的特点有哪些？

5. 什么是区间估计？为什么说它比点估计更科学？

## 六、计算题（50分）

1. 某市对800户居民家庭人均月消费性支出的情况进行调查，资料如下表所示，计算800户居民家庭人均月消费性支出的算术平均数、中位数、众数。

| 人均月消费性支出/元 | 家庭数/户 |
|---|---|
| 600～800 | 20 |
| 800～1 000 | 50 |
| 1 000～1 200 | 80 |
| 1 200～1 400 | 350 |
| 1 400～1 600 | 180 |
| 1 600～1 800 | 120 |
| 合计 | 800 |

2. 某企业总产值和职工人数资料如下表所示：

某企业总产值和职工人数统计表

| 月　份 | 3月 | 4月 | 5月 | 6月 |
|---|---|---|---|---|
| 总产值/万元 | 1 150 | 1 170 | 1 300 | 1 370 |
| 月末职工人数/千人 | 6.5 | 6.8 | 7.0 | 7.2 |

要求：计算该企业第二季度全员劳动生产率。

3. 某企业工人的工资资料如下表所示：

| | 月工资水平/元 | | 工人人数/人 | |
|---|---|---|---|---|
| | 基期 | 报告期 | 基期 | 报告期 |
| 技术工 | 880 | 920 | 245 | 250 |
| 辅助工 | 700 | 720 | 120 | 800 |
| 合计 | — | — | 365 | 1 050 |

要求：（1）计算平均工资的可变构成指数及其增减额。

（2）计算平均工资的固定构成指数及其增减额。

（3）计算平均工资的结构变动影响指数及其增减额。

（4）利用指数体系分析平均工资变动及各因素的影响。

4. 进出口一种茶叶，规定每包重量不低于150克，现在用不重复抽样的方法抽取其中1%进行检验，结果如下：

| 每包重量/克 | 包数 |
|---|---|
| 148 ~ 149 | 10 |
| 149 ~ 150 | 20 |
| 150 ~ 151 | 50 |
| 151 ~ 152 | 20 |

要求：以95.45%的概率估计这些茶叶包装合格率的范围。

5. 数据为：$n = 7$，$\sum x = 1\,890$，$\sum y = 31.3$，$\sum y^2 = 174.15$，$\sum x^2 = 535\,500$，$\sum xy = 9\,318$。

要求：（1）根据上述数据，确定 $y$ 倚 $x$ 的简单直线回归方程。

（2）计算相关系数。

（3）计算估计标准误差。

# 综合测试七

## 一、填空题（10 分）

1. 标志按其具体表现是否有差异，可分为________和________两种。

2. 变量就是________，其数值表现称为________。

3. 统计调查的要求：________、________和________。

4. 根据分组标志特征的不同，分布数列可分为________数列和________数列。

5. 无名数是一种抽象化的数值，多以倍数、________、________、百分数或千分数表示；________是强度相对指标的主要表现形式。

6. 平均指标反映总体变量分布的________趋势，标志变异指标则反映总体变量分布的________趋势。

7. 时间数列动态分析指标包括两大类，一类为________指标，另一类为________指标。

8. 作为综合指数变形的加权算术平均数指数的权数是________；加权调和平均数指数的权数是________。

9. 抽样误差是由于抽样的________而产生的误差，这种误差不可避免，但可以________。

## 二、判断题（10 分）

1. 有些统计指标的数值是由总体单位的数量标志值汇总而来的。(　)

2. 国有企业经济效益调查中调查单位与报告单位一致。(　)

3. 普查是专门组织的经常性全面调查。(　)

4. 次数分配数列是将总体按数量标志分组所形成的数列。(　)

5. 价值指标是具有广泛的综合性和概括能力的总量指标形式。(　)

6. 是非标志的方差就是具有某一标志表现的成数和不具有某一标志表现的成数的乘积。(　)

7. 相对数时间数列求序时平均数时，根据所给数列简单平均即可。(　)

8. 在平均指标变动因素分析中，可变构成指数是专门用以反映总体构成变化影响的指数。(　)

9. 区间估计的精确度和可靠程度是一对矛盾。(　)

10. 利用最小平方法配合的直线回归方程，要求实际测定的所有相关点和直线上的距离平方和为零。(　)

## 三、单项选择题（10 分）

1. 某公司四个经营部，某月销售额分别为 100 万元、230 万元、70 万元和 260 万元。这些数字是（　）。

A. 标志　B. 变量　C. 指标　D. 变量值

2. 专门调查中属于全面调查的是（　）。

A. 重点调查　B. 典型调查　C. 抽样调查　D. 普查

3. 统计分组的依据是（　）。

A. 标志　B. 指标　C. 标志值　D. 变量值

4. 某连续变量数列，其末组为开口组，下限为500，已知邻组组中值为480，则本组组中值为（　）。

A. 510　B. 520　C. 530　D. 550

5. 下列指标中，不属于时期指标的是（　）。

A. 出生人数　B. 国民生产总值　C. 货运量　D. 牲畜存栏数

6. 某工厂有三个流水作业的车间，某月份车间制品合格率依次为95%、90%、85%。平均车间合格率为（　）。

A. $\dfrac{3}{\dfrac{1}{0.95}+\dfrac{1}{0.90}+\dfrac{1}{0.85}}$　B. $\sqrt[3]{0.95\times0.90\times0.85}$

C. $\dfrac{0.95+0.90+0.85}{3}$　D. $\dfrac{0.95\times0.90\times0.85}{3}$

7. 累计增长量等于相应的各个逐期增长量（　）。

A. 之差　B. 之商　C. 之积　D. 之和

8. 某工业企业生产甲、乙、丙三种产品，2019年比2018年总产值增长10%，出厂价格均不变，则产品产量指数为（　）。

A. 101%　B. 120%　C. 100%　D. 110%

9. 根据抽样调查资料，某企业工人定额平均完成105%，抽样平均误差为1，概率为95.45%时，可以确定生产定额平均完成百分比（　）。

A. 大于107%　B. 不大于103%和不小于107%

C. 在103%与107%之间　D. 小于103%

10. 从变量相关方向看，相关关系可分为（　）。

A. 完全相关和不完全相关　B. 直线相关和曲线相关

C. 单相关和复相关　D. 正相关和负相关

**四、多项选择题（10分）**

1. 下列各项中，哪些属于统计指标？（　）

A. 我国1999年国内生产总值　B. 某同学某学期的外语成绩

C. 某地区出生人口总数　D. 某企业工人生产某种产品的人均产量

E. 某市工业劳动生产率

2. 组距式分组适合于（　）。

A. 所有离散型变量

B. 连续变量

C. 离散变量且变量值的变动幅度较大
D. 离散变量且变量值的变动幅度很小
E. 一切变量
3. 标志变异指标能反映（ ）。
A. 变量的一般水平 B. 总体分布的集中趋势
C. 总体分布的离中趋势 D. 变量分布的离散趋势
E. 现象的总规模、总水平
4. 全社会零售商品价格指数属于（ ）。
A. 个体指数 B. 总指数 C. 数量指标指数 D. 质量指标指数
E. 平均指标指数
5. 直线回归分析中（ ）。
A. 自变量是可控制的，因变量是随机的
B. 两个变量不是对等的关系
C. 利用一个回归方程，两变量可互相推算
D. 根据回归系数可判定相关的方向
E. 无明显因果关系的两相关变量可求得两个回归方程

**五、简答题（10 分）**

1. 以人口普查为例，试述普查的意义。

2. 什么是强度相对数的正负指标？

3. 为什么要注意速度指标与水平指标的结合应用？其结合起来的具体指标是什么？

4. 什么是随机原则？在抽样调查中为什么要坚持随机原则？

5. 简述相关关系与函数关系的区别？

六、计算题（50分）

1. 某地区某年国民收入为320亿元，其中用于消费的为220亿元，用于积累的为100亿元。该地区该年年平均人口2 950万人。

要求：

（1）分析该地区国民收入中积累和消费的构成比例关系。

（2）计算人均国民收入强度相对指标。

2. 甲班组5名工人工资分别为500、600、800、1 000、1 100元，乙班组5名工人工资分别为400、600、800、1 000、1 200元。试用标准差比较两班组平均工资代表性大小。

3. 某企业2019年四个季度的销售额资料如下表所示：

单位：万元

| 时间 | 第一季度 | 第二季度 | 第三季度 | 第四季度 |
|---|---|---|---|---|
| 销售额 | 450 | 400 | 480 | 700 |

要求：计算该企业2019年各季度平均销售额。

4. 2014年甲地区国内生产总值为6.75亿元，乙地区国内生产总值为10.25亿元，第十三个五年计划期间，乙地区总发展速度为213.68%。如果甲地区在2019年已经赶上乙地区。要求计算甲地区平均每年的增长速度是多少？（不考虑价格变动因素）

5. 已知三种商品的销售额及个体价格指数资料如下表所示：

| 商品名称 | 计量单位 | 实际销售额/万元 | | 个体价格指数/% |
|---|---|---|---|---|
| | | 基期 | 报告期 | |
| 甲 | 公斤 | 124 | 146 | 115 |
| 乙 | 件 | 68 | 94 | 120 |
| 丙 | 双 | 87 | 106 | 110 |
| 合计 | — | 279 | 346 | — |

计算：（1）三种商品的销售额总指数；

（2）三种商品的价格总指数；

（3）三种商品的销售量总指数。

6. 国家统计局社会经济调查队于 2019 年 7 月，在全国抽取 10 个省的 3 722 户高收入家庭进行固定资产调查，调查结果如下表所示：

| 固定资产/万元 | 户数/户 |
|---|---|
| 10 以下 | 1 176 |
| 10～50 | 1 569 |
| 50～100 | 499 |
| 100～1 000 | 442 |
| 1 000 以上 | 36 |
| 合计 | 3 722 |

要求：

（1）在 99. 73% 的概率保证程度下，估计全国有经营活动的高收入家庭拥有的平均固定资产的可能范围；

（2）假定拥有固定资产在 100 万元以上的家庭拥有自己的公司或企业，在 95. 45% 的概率保证程度下，估计拥有自己的公司或企业的家庭所占的比重。

# 综合测试八

## 一、填空题（10分）

1. 变量就是________，其数值表现称为________。

2. 调查单位是________的承担者，而填报单位则是________的单位。

3. 统计整理是统计工作将反映________特征的原始资料转化为反映________特征的基本过程之一，是________的前提。

4. 总量指标按采用计量单位的不同，可分为________、________和________。

5. 某项为期20年的投资按复利计算收益，前10年的年利率为10%，中间5年的年利率为8%，最后5年的年利率为6%。则计算年平均利率的算式为____。

6. 时间数列编制的原则是________一致；________一致；________一致；________一致。

7. 在指数数列中所采用的基期不同，统计指数可分为________和________。

8. 影响抽样误差大小的因素有：总体各单位标志值的差异程度、________和________抽样的组织方式。

9. 相关系数绝对值的大小反映相关的________，相关系数的符号反映相关的________。

## 二、判断题（10分）

1. 所有的标志和指标都可以用数值表示。（  ）

2. 重点单位是指那些单位的个数在总体全部单位个数中占很大的比重。（  ）

3. 用连续变量作分组标志时，相邻组的上、下限应重合。（  ）

4. 某地区2008年末每万人拥有商业网点数是比较相对指标。（  ）

5. 时期指标的数值大小与时期长短有关，时期越长，则对应的指标值越大。（  ）

6. 各标志值与算术平均数离差之和大于0。（  ）

7. 定基发展速度等于相应时期内各个环比发展速度的连乘积。（  ）

8. 一般说来，质量指标指数是以数量指标为同度量因素的。（  ）

9. 抽样误差的产生是由于破坏了抽样的随机原则而造成的。（  ）

10. 产量增加，则单位产品成本降低，此种关系属相关关系。（  ）

## 三、单项选择题（10分）

1. 统计总体的基本特征是（  ）。

A. 同质性、数量性、变异性　　B. 具体性、数量性、综合性

C. 大量性、变异性、同质性　　D. 总体性、社会性、大量性

2. 下列各项中，属于数量标志的是（　）。

A. 性别　B. 职称　C. 年龄　D. 健康状况

3. 为了了解工业企业期末在制品数量，调查人员去现场观察计数，这种收集资料的方法是（　）。

A. 采访法　B. 询问法　C. 直接观察法　D. 报告法

4. 在分组时，凡遇到某单位的标志值正好等于相邻两组上下限数值时，一般将此单位（　）。

A. 归入下限所在组　B. 归入上限所在组

C. 归入任何一组都可　D. 重设一组

5. 下列属于结构相对指标的是（　）。

A. 人均粮食产量　B. 职工平均工资

C. 产品合格率　D. 积累与消费的比例

6. 各标志值与下列哪一项的离差平方和最小？（　）

A. 众数　B. 算术平均数　C. 几何平均数　D. 调和平均数

7. 静态平均数和动态平均数的共同点是（　）。

A. 两者都是反应现象的一般水平

B. 都可消除现象在时间上波动的影响

C. 都是反映同一总体的一般水平

D. 共同反映同质总体在不同时间上的一般水平

8. 在使用基期价格作为权数计算商品销售量指数时（　）。

A. 包含了价格变动的影响　B. 包含了价格和销售额变动的影响

C. 消除了价格变动的影响　D. 消除了价格和销售量变动的影响

9. 先把总体单位按某一标志排队，并以 $N/n$ 为距离抽取单位进行调查的组织方式为（　）。

A. 机械抽样　B. 类型抽样　C. 整群抽样　D. 纯随机抽样

10. 变量之间的相关程度越低，则相关系数的数值（　）。

A. 越小　B. 越接近于0　C. 越接近于1　D. 越接近于 $-1$

**四、多项选择题（10分）**

1. 普查（　）。

A. 是专门调查　B. 属于一次性调查

C. 属于全面调查　D. 必须确定标准时点

E. 大多为对时点现象总量的调查

2. 某地区2019年国内生产总值为380亿元。这个指标是（　）。

A. 时期指标　B. 时点指标　C. 数量指标　D. 总量指标

E. 质量指标

3. 相对数时间数列可以是（　）。

A. 两个时期数列之比
B. 两个时点数列之比
C. 一个时期数列和一个时点数列之比
D. 两个单项数列之比
E. 两个组距数列之比
4. 在总体 100 个单位中，抽取 40 个单位，下列说法正确的是（　）。
A. 样本个数 40 个
B. 样本容量 40 个
C. 是一个大样本
D. 是一个小样本
E. 一个样本有 40 个单位
5. 直线回归分析中（　）。
A. 自变量是可控制的，因变量是随机的
B. 两个变量不是对等的关系
C. 利用一个回归方程，两变量可互相推算
D. 根据回归系数可判定相关的方向
E. 无明显因果关系的两相关变量可求得两个回归方程

**五、简答题（10 分）**

1. 什么是连续变量和离散变量？

2. 简述统计表的基本结构和分类。

3. 简述标志变异指标的意义和作用。

4. 综合指数与平均数指标有何区别与联系？

5. 什么是抽样推断？抽样推断有哪些特点？

## 六、计算题（50分）

1. 某地2019年有关资料如下表所示：

| | 2018年 | 2019年 |
|---|---|---|
| 工农业总产值/亿元 | 6 175 | 6 619 |
| 其中：农业产值 | 1 584 | 1 627 |
| 轻工业产值 | 1 980 | 2 344 |
| 重工业产值 | 2 611 | 2 648 |

要求：

（1）分别计算农轻重的产值占工农业总产值的比重。

（2）计算农轻重产值之间的比例相对数（以农业产值为1）。

（3）计算有关的动态相对数。

2. 某市对800户居民家庭人均月消费性支出的情况进行调查，资料如下表所示，计算800户居民家庭人均月消费性支出的算术平均数、中位数、众数。

| 人均月消费性支出/元 | 家庭数/户 |
|---|---|
| 600 ~ 800 | 20 |
| 800 ~ 1 000 | 50 |
| 1 000 ~ 1 200 | 80 |
| 1 200 ~ 1 400 | 350 |
| 1 400 ~ 1 600 | 180 |
| 1 600 ~ 1 800 | 120 |
| 合计 | 800 |

3. 某商场2019年商品库存额资料如下表所示：

单位：万元

| 时间 | 1月1日 | 3月15日 | 6月30日 | 10月15日 | 12月31日 |
|---|---|---|---|---|---|
| 商品库存额 | 1 038.6 | 1 042.4 | 1 036.2 | 1 038.0 | 1 044.8 |

要求：计算该商场2019年的平均商品库存额。

4. 某工厂生产三种产品，报告期与基期的产量和价格资料如下：

| 产品名称 | 计量单位 | 产量 | | 价格/元 | |
|---|---|---|---|---|---|
| | | 基期 | 报告期 | 基期 | 报告期 |
| 甲 | 件 | 25 | 30 | 15 | 10 |
| 乙 | 吨 | 40 | 50 | 25 | 30 |
| 丙 | 台 | 20 | 30 | 10 | 8 |

要求：（1）计算总产值指数及总产值增减的绝对额。

（2）计算产量总指数及由于产量的变动增减的总产值。

（3）计算价格总指数及由于价格的变动增减的总产值。

（4）利用指数体系表明上述三个指数之间的关系（相对数和绝对数）。

5. 从某工厂1 385名工人中，随机抽出50名工人进行调查，得知这些工人的月产量如下：

| 月产量/件 | 62 | 65 | 67 | 70 | 75 | 80 | 90 | 100 | 130 |
|---|---|---|---|---|---|---|---|---|---|
| 工人数/人 | 4 | 6 | 6 | 8 | 10 | 7 | 4 | 3 | 2 |

要求：以95%的可靠程度估计该厂工人的月平均产量在多少件之间。

6. 已知$x$、$y$两变量：$\bar{x}=15$，$\bar{y}=41$。在直线回归方程中，当自变量$x$等于0时，$\hat{y}=5$，又知$\sigma_x=1.5$，$\sigma_y=6$，试求估计标准误差。

# 综合测试九

## 一、填空题（10 分）

1. 变量按其数值是否连续，可分为________和________两种，工厂数和商店数属于________，而产值、销售额属于________。

2. 统计调查的________是保证统计资料质量的首要环节，是统计工作的生命线。

3. 按品质标志分组形成的次数分布数列称为________，按数量标志分组后形成的次数分布数列称为________。

4. 总量指标按反映的时间状况不同，可分为________和________。

5. 标准差是总体各单位标志值对其________的离差平方的算术平均数的________。

6. 平均发展速度是一定时期内各期环比________的序时平均数。

7. 用综合法编制的指数，都由两个因素构成，一个是________因素，另一个是________因素。

8. 样本有大样本和________之分，通常是把抽样数目在________个及________的叫大样本。而把抽样数目在________个以下的称为________。

9. 估计标准误差是用来说明________代表性大小的统计分析指标。

## 二、判断题（10 分）

1. 有些统计指标的数值是由总体单位的数量标志值汇总而来的。（ ）

2. 某个工商银行分理处的职工人数、贷款总额都是离散变量。（ ）

3. 国有企业经济效益调查中调查单位与报告单位一致。（ ）

4. 不等距数列是指各组次数均不相等的变量数列。（ ）

5. 计算相对指标时必须注意分子、分母是否可比。（ ）

6. 各标志值与算术平均数离差之和大于 0。（ ）

7. 相邻两项的累积增长量之差等于相应的逐期增长量。（ ）

8. 在计算综合指数时，要求同度量因素不变。（ ）

9. 抽样平均误差越大，样本的代表性就越大。（ ）

10. 根据结果标志对因素标志的不同反映，可以把现象总体数量上的依存关系划分为函数关系和相关关系。（ ）

## 三、单项选择题（10 分）

1. 统计指标按所反映的数量特点不同，可分为数量指标和质量指标两种。其中，数量指标的表现形式是（ ）。

A. 绝对数　　B. 相对数　　C. 平均数　　D. 整数

2. 在国有工业企业设备普查中，每一个国有工业企业是（ ）。

A. 调查对象　　B. 调查单位　　C. 填报单位　　D. 调查项目

3. 次数分布数列中的次数是指（　）。

A. 分组的数量标志　　B. 分组的组数

C. 分布在各组的总体单位数　　D. 组中值

4. 某商场去年末彩电库存量 1 000 台，该指标为（　）。

A. 时期指标，实物指标　　B. 时点指标，实物指标

C. 时期指标，价值指标　　D. 时点指标，价值指标

5. 某地区有 5 万人口，共有 20 个医院。平均每个医院服务 2 500 人，这个指标是（　）。

A. 平均指标　　B. 强度相对指标　　C. 总量指标　　D. 发展水平指标

6. 若一个离散型分配数列的各个标志值都增加 1 倍，次数都减少$\frac{1}{2}$，则众数的大小（　）。

A. 不变　　B. 减少$\frac{1}{2}$　　C. 增加 1 倍　　D. 无法判断

7. 用移动平均法修匀时间数列，移动时距的长短首先应该考虑（　）。

A. 选择奇数项　　B. 选择偶数项

C. 选择较长的项数　　D. 现象的周期性变动

8. 在使用基期价格作为权数计算商品销售量指数时（　）。

A. 包含了价格变动的影响　　B. 包含了价格和销售额变动的影响

C. 消除了价格变动的影响　　D. 消除了价格和销售量变动的影响

9. 全及总体是唯一确定的，样本总体（　）。

A. 也唯一　　B. 有无数个　　C. 不唯一　　D. 有 $C_N^n$ 个

10. 测定变量之间相关密切程度的代表性指标是（　）。

A. 估计标准误差　　B. 相关系数

C. 两个变量的协方差　　D. 两个变量的标准差

**四、多项选择题（10 分）**

1. 总体单位是总体的基本组成单位，是标志的直接承担者，因此（　）。

A. 在国有企业这个总体下，每个国有企业就是总体单位

B. 在工业总产值这个总体下，单位总产值就是总体单位

C. 在全国总人口这个总体下，一省总人口就是总体单位

D. 在全部固定资产这一总体下，每个固定资产的价值就是总体单位

E. 在全部产品这个总体下，每一个产品就是总体单位

2. 下列数列中属于按数量标志分组的有（　）。

A. 工厂按利润计划完成百分比分组　　B. 学生按健康状况分组

C. 工厂按产量分组　　D. 职工按工龄分组

E. 企业按隶属关系分组

3. 调和平均数（ ）。

A. 也称作倒数平均数

B. 分为简单调和平均数和加权调和平均数

C. 加权调和平均数的公式为 $H = \dfrac{n}{\sum \dfrac{1}{x}}$

D. 经常作为算术平均数的变形使用

E. 已知分配数列各组标志值及其标志总量，可用调和平均法计算平均数

4. 某企业三种产品的单位成本指数为101%，其绝对影响为5.3万元，这表明（ ）。

A. 三种产品单位成本平均增长1%

B. 由于产品单位成本增长使总成本增长1%

C. 由于产品单位成本增长使总成本增加5.3万元

D. 由于产品单位成本增长使每件产品成本增加5.3万元

E. 报告期总成本比基期总成本多5.3万元

5. 常用的样本指标有（ ）。

A. 样本平均数　B. 样本标准差　C. 样本容量　D. 样本成数

E. 抽样平均误差

**五、简答题（10分）**

1. 统计研究的基本方法有哪些？

2. 简述时期指标与时点指标的区别与联系。

3. 简述累计增长量与逐期增长量、定基发展速度与环比发展速度之间的关系。

4. 抽样推断的组织方式有哪些？

5. 简单直线相关分析有哪些特点？

## 六、计算题（50 分）

1. 某地区某年国民收入为 320 亿元，其中用于消费的为 220 亿元，用于积累的为 100 亿元。该地区该年年平均人口 2 950 万人。

要求：

（1）分析该地区国民收入中积累和消费的构成比例关系。

（2）计算人均国民收入强度相对指标。

2. 甲班 40 名同学平均身高为 171 厘米，标准差为 10 厘米；乙班身高资料：

| 身高/厘米 | 人数/人 |
|---|---|
| 150 ~ 160 | 5 |
| 160 ~ 170 | 11 |
| 170 ~ 180 | 19 |
| 180 ~ 190 | 5 |
| 合计 | 40 |

比较两班平均身高的代表性。

3. 某商场 2019 年商品库存额资料如下表所示：

单位：万元

| 时间 | 1 月 1 日 | 3 月 15 日 | 6 月 30 日 | 10 月 15 日 | 12 月 31 日 |
|---|---|---|---|---|---|
| 商品库存额 | 1 038. 6 | 1 042. 4 | 1 036. 2 | 1 038. 0 | 1 044. 8 |

要求：计算该商场 2019 年的平均商品库存额。

4. 计算销售额指数、销售量总指数和价格总指数，并从相对数和绝对数两个方面进行因素分析。

| 商品名称 | 计量单位 | 销售量 | | 价格/元 | |
|---|---|---|---|---|---|
| | | 基期 | 报告期 | 基期 | 报告期 |
| A | 件 | 12 500 | 15 000 | 10 | 11 |
| B | 台 | 12 000 | 16 800 | 60 | 54 |
| C | 米 | 6 000 | 5 700 | 2. 0 | 2. 3 |

5. 某市开展职工家计调查，根据历史资料该市职工家庭平均每人年收入的标准差为250 元，而家庭消费的恩格尔系数（即家庭食品支出占消费总支出额的比重）为65%。现在用重复抽样的方法，要求在95. 45%的概率保证下，平均收入的极限误差不超过20 元，恩格尔系数的极限误差不超过4%。确定样本容量的单位数。

6. 数据为：$n = 7$，$\sum x = 1\ 890$，$\sum y = 31.3$，$\sum y^2 = 174.15$，$\sum x^2 = 535\ 500$，$\sum xy = 9\ 318$。

要求：（1）根据上述数据，确定 $y$ 倚 $x$ 的简单直线回归方程。

（2）计算相关系数。

（3）计算估计标准误差。

# 综合测试十

## 一、填空题（10 分）

1. 统计工作全过程分为四个阶段，即________、________、________和________。

2. 若要调查某地区工业企业职工的生活状况，调查对象是________调查单位是________，填报单位是________。

3. 分布数列由________和________构成，其中表示各组单位数的次数又叫________。

4. 在人口总体中，男性人口数与女性人口数之比计算的是________相对指标。

5. 简单算术平均数可视为________条件下的加权算术平均数。

6. 常用的速度指标有________、________、________和________。

7. 统计指数按计算范围不同，可分为________和________。

8. 抽样平均误差就是所有可能的样本的________与________的平均误差。

## 二、判断题（10 分）

1. 大量观察法就是对足够多数的总体进行观察的方法。（　）

2. 根据研究的不同，总体与总体单位的变换关系与指标的和标志的变换关系是一致的。（　）

3. 普查与抽样调查是对立不相容的调查方式。（　）

4. 统计资料整理主要是对统计调查所搜集到的原始资料进行整理。（　）

5. 强度相对指标有正、逆指标之分。（　）

6. 利用组中值计算算术平均数，由于是根据全部资料计算的，所以计算结果是精确的。（　）

7. 分析季节变动的主要方法是计算季节比率。（　）

8. 狭义指数是指反映社会经济现象变动与差异程度的相对数。（　）

9. 因为不知道总体方差或标准差，所以无法计算抽样误差。（　）

10. 回归分析是把变量的函数关系转变为相关关系的手段。（　）

## 三、单项选择题（10 分）

1. 几位学生的某门课成绩分别是 68 分、74 分、89 分和 91 分。那么，“成绩”是（　）。

A. 品质标志　　B. 数量标志　　C. 标志值　　D. 数量指标

2. 重点单位是指（　）。

A. 具有代表性的单位

B. 这些单位的个数在总体中占很大比重

C. 这些单位的标志总量占总体标志总量中的绝大部分

D. 这些单位在全局工作中处于重要地位

3. 将统计总体按某一标志分组的结果表现为（　）。

A. 组内同质性，组间差异性　　B. 组内差异性，组间同质性

C. 组内同质性，组间同质性　　D. 组内差异性，组间差异性

4. 按五年计划，我国农药产量，将由第一年的 21 万吨，增加到第五年的 23 万吨，这两项指标（　）。

A. 前者是总量指标，后者是相对指标

B. 都是相对指标

C. 都是总量指标中的时期指标

D. 都是总量指标中的时点指标

5. 计算平均指标最常用的方法和最基本的形式是（　）。

A. 中位数　　B. 众数　　C. 调和平均数　　D. 算术平均数

6. 检验一批成品，400 个中 8 个是废品，则废品比重的方差为（　）。

A. 0. 02　　B. 0. 98　　C. 0. 14　　D. 0. 019 6

7. 已知环比增长速度求总增长速度的方法是（　）。

A. 各环比增长速度相乘

B. 各环比增长速度相加

C. 各环比增长速度相除

D. 各环比增长速度还原为环比发展速度连乘后减去 1

8. 编制综合指数中的数量指标指数时，其同度量因素一般固定在（　）。

A. 报告期　　B. 基期　　C. 计划期　　D. 任何时期

9. 全及总体是唯一确定的，样本总体（　）。

A. 也唯一　　B. 有无数个　　C. 不唯一　　D. 有 $C_N^n$ 个

10. 下列哪两个变量之间的相关程度高？（　）

A. 销售额和销售量的相关系数是 0. 9

B. 销售额和利润率的相关系数是 0. 84

C. 价格和销售量的相关系数是 -0. 91

D. 流通费率和利润率的相关系数是 -0. 94

**四、多项选择题（10 分）**

1. 乡镇企业抽样调查中，抽取的每一个乡镇企业是（　）。

A. 调查主体　　B. 调查对象　　C. 调查单位　　D. 调查项目

E. 填报单位

2. 下列各项中，属于时点指标的是（　）。

A. 某地区人口数　　B. 某地区人口死亡数

C. 某城市在校学生数　　D. 某农场拖拉机台数

E. 某农场月末在册职工人数

3. 时期数列的特点是（　）。
A. 数列中各项指标值不能相加
B. 数列中各项指标值可以相加
C. 数列中各项指标值的大小与所属时期的长短直接有关
D. 数列中各项指标值的大小与所属时间长短无关
E. 数列中各项指标值通常是采用连续登记取得的
4. 综合指数（　）。
A. 是编制总指数的基本形式之一
B. 是编制总指数的唯一形式
C. 是由两个总量指标对比而形成的指数
D. 基本公式有拉氏数量指数公式和派氏质量指数公式
E. 也可以以个体指数为基础编制
5. 影响抽样数目的因素有（　）。
A. 被调查标志的变异程度　　B. 允许误差
C. 概率度　　D. 抽样方法　　E. 抽样的组织方式

**五、简答题（10 分）**

1. 统计的基本职能有哪些内容？

2. 什么是分布数列？它有哪些种类？

3. 简述平均指标和强度相对指标的区别。

4. 用水平法与累积法计算平均发展速度有何异同？二者各自应用的条件是什么？

5. 怎样根据相关系数的取值来判别线性相关关系？

## 六、计算题（50 分）

1. 某地区 20 家企业某年的销售利润额分布状况如下表所示：

| 销售利润额/万元 | 企业数 |
|---|---|
| 400 ~ 500 | 2 |
| 500 ~ 600 | 4 |
| 600 ~ 700 | 6 |
| 700 ~ 800 | 5 |
| 800 以上 | 3 |
| 合　计 | 20 |

根据表中资料指出：

（1）表中变量数列属于哪一种数列。

（2）表中的变量、变量值、上限、下限、频数。

（3）计算组距、组中值、频率。

2. 某市“十三五”计划规定 2020 年（最末一年）钢产量达到 700 万吨，实际生产情况如下表所示：

单位：万吨

| 年份 | 2016 年 | 2017 年 | 2018 年 | 2019 年 | | | | 2020 年 | | | |
|---|---|---|---|---|---|---|---|---|---|---|---|
| | | | | 一季度 | 二季度 | 三季度 | 四季度 | 一季度 | 二季度 | 三季度 | 四季度 |
| 产量 | 450 | 480 | 520 | 160 | 160 | 180 | 170 | 180 | 170 | 210 | 210 |

计算该市“十三五”钢产量计划完成情况，提前多少时间完成？

3. 某管理局所属企业工人的工资资料如下表所示：

| 工人工资/元 | 企业数/家 | 工人比重/% |
|---|---|---|
| 1 400 ~ 1 500 | 3 | 20 |
| 1 500 ~ 1 600 | 6 | 25 |
| 1 600 ~ 1 700 | 4 | 30 |
| 1 700 ~ 1 800 | 4 | 15 |
| 1 800 以上 | 5 | 10 |

求该局工人的平均工资，并指出哪个指标是适宜的权数？

4. 某地区某种产品2014—2019年的部分产量资料如下表所示：

**某地区某种产品2014—2019年的部分产量统计表**

| 年份 | 产量/万吨 | 环比动态指标 | | | |
|---|---|---|---|---|---|
| | | 增长量/万吨 | 发展速度/% | 增长速度/% | 增长1%的绝对值/万吨 |
| 2014 | 353 | | | | |
| 2015 | | 24 | | | |
| 2016 | | | 106.1 | | |
| 2017 | | | | 7.25 | |
| 2018 | | | | | |
| 2019 | | 32 | | | 4.59 |

要求：填上表中所缺的数字。

5. 根据以下资料计算产量总指数以及由于产量变动使企业增减的产值。

| 产品名称 | 实际产值/万元 | | 2019年比2018年产量增长/% |
|---|---|---|---|
| | 2018年 | 2019年 | |
| 甲 | 200 | 240 | 25 |
| 乙 | 450 | 485 | 10 |
| 丙 | 350 | 480 | 40 |
| 合计 | 1 000 | 1 205 | — |

6. 某种包装箱中放有20袋食糖，要求每袋重量1 000克，为检查袋装食糖的重量是否符合规定要求，现从待检的400箱中随机抽取10箱，得知各箱中每袋的平均重量（克）分别为：1 010、1 005、990、995、1 020、1 030、1 000、1 015、1 025、980，试在99.73%的概率保证下，对全部待检食糖每袋的平均重量做区间估计。

# 各章知识检测及综合分析与计算答案

## 第一章　总论

**知识检测**

一、填空题

1. 统计工作、统计资料、统计学
2. 大量社会经济现象总体的数量方面
3. 数量性、总体性、具体性、社会性
4. 大量性、同质性、差异性
5. 总体单位、数量标志、品质标志
6. 品质、男、女
7. 数量标志
8. 总体
9. 可变标志、不变标志
10. 可变的数量标志或指标、变量值
11. 离散变量、连续变量、离散变量、连续变量
12. 统计总体、总体单位
13. 统计设计、统计调查、统计整理、统计分析
14. 有限总体、无限总体

二、判断题

1. ×　2. ×　3. √　4. ×　5. ×　6. ×　7. √　8. ×　9. ×　10. ×　11. ×　12. √　13. √　14. ×　15. √

三、单项选择题

1. C　2. B　3. B　4. A　5. B　6. A　7. C　8. D　9. B　10. B　11. D　12. C　13. A　14. C　15. B　16. D　17. D　18. A　19. A　20. D　21. C　22. B　23. D　24. D　25. A

四、多项选择题

1. BDE　2. ABE　3. AE　4. BCE　5. ACDE　6. ABE　7. CD　8. ABD　9. ABD　10. CDE　11. ABDE　12. CD　13. BCD　14. ABCDE　15. ACE　16. CDE

五、简答题

1. 答：区别：

（1）说明对象不同。指标是说明总体特征的，而标志是说明总体单位特征的。

（2）表现形式不同。标志有不能数值表示的品质标志及能用数值表示的数量标志两种，而指标都是用数值表示的。

联系：

（1）汇总关系。指标值是由各单位的标志值汇总而来的。

（2）变换关系。随着研究目的不同，总体与总体单位可以互相转化，由此，指标与标志也会发生互相转化。

2. 答："统计"三种含义是指统计工作、统计资料和统计学。统计工作是统计实践活动，统计资料是统计工作的成果，统计学是统计实践活动的科学总结，反过来又指导统计实践。

3. 答：统计总体是由客观存在的、具有某种共性的许多个别事物构成的整体。它有大量性、同质性和变异性。总体单位数无限多、不可数的总体，称为无限总体。总体单位数有限而可数的总体，称为有限总体。

4. 答：统计总体和总体单位是相对而言的，随着研究目的不同，二者的地位是可以相互转换的。例如，研究某班级学习情况时，该班级为统计总体；而研究全校所有班级学习情况时，该班级则为总体单位。

5. 答：大量观察法、统计分组法、统计指标法、统计推断法。

6. 答：信息、咨询、监督。

7. 答：统计设计、统计调查、统计整理、统计分析。

8. 答：变异是指统计所研究的指标与标志，其具体表现在总体及总体单位之间是可变的、存有差异的，更具体地说，就是指指标及标志的具体表现在各总体或各单位之间不尽相同。可变的统计指标和可变的数量标志，统称为变量。变量的具体取值，称为变量值。

9. 答：广义统计学的研究对象是所有的客观现象总体的数量方面；社会经济统计学的研究对象是社会经济现象总体的数量方面。

10. 答：数值连续不断，并且相邻两个变量值之间可以做无限分割的变量，叫做连续变量；数值以整数断开并只能以整数表示的变量，叫做离散变量。

## 第二章　统计调查

### 知识检测

一、填空题

1. 统计报表制度、专门调查

2. 全面调查、非全面调查

3. 普查、重点调查、典型调查、抽样调查
4. 日、旬、月、季、半年、年
5. 全部职工、每个职工、某地区每个工业企业
6. 单一表、一览表
7. 总体
8. 准确性、及时性、全面性
9. 调查项目、负责向上级提供调查资料
10. 调查项目
11. 调查期限
12. 随机原则、数量方面
13. 一次性
14. 准确性
15. 目的任务、调查单位、表、组织实施计划
16. 上而下、下而上

二、判断题

1. × 2. × 3. × 4. √ 5. × 6. √ 7. √ 8. × 9. × 10. √ 11. × 12. √ 13. × 14. × 15. √ 16. × 17. √ 18. √

三、单项选择题

1. D 2. B 3. D 4. C 5. C 6. B 7. C 8. C 9. C 10. D 11. A 12. B 13. D 14. A 15. B

四、多项选择题

1. BDE 2. BCE 3. ABCDE 4. BCE 5. CE 6. ADE 7. AE 8. CD 9. ACD 10. ABC 11. ABC 12. ABE 13. BDE 14. BDE 15. ACE

五、简答题

1. 答：统计调查的组织形式是指采取什么方式组织调查以取得统计资料。在我国，统计调查的组织形式可分为统计报表制度和专门调查两种。

（1）统计报表。统计报表制度是各企业、事业单位以原始记录为基础，按一定的表格形式和时间程序，自下而上地定期提供统计资料的一种调查方式。

统计报表的内容一般包括计划范围的国民经济的基本指标，以及国家或上级主管部门所要求的指标及其实际进度。统计报表制度为编制和检查计划、制定方针和政策、指导日常工作提供资料，是社会主义国家统计调查的基本组织形式。

（2）专门调查。专门调查是为了一定的目的，研究某些专门问题所组织的一种调查方式。

专门调查的内容一般包括非计划对象，或某些变化不大的计划对象。如为了提供确切的人口数字而组织的“人口调查登记”或“人口普查”，为确定粮食产量而组织的“产量调查”等都是专门调查。专门调查包括普查、重点调查、典

型调查、抽样调查等。

专门调查是我国经常采用的另一种统计调查的组织形式，而在其他国家中，统计调查的组织形式一般只建立在专门调查的基础上。

2. 答：普查是为了某种特定的目的而专门组织的一次性全面调查。用以搜集重要国情国力状况的全面资料，为政府制定规划、方针、政策提供依据。如：人口普查、工业设备普查、物资库存普查等。

普查多半是在全国范围内进行的，而且所搜集的是经常的、定期的根据报表所不能提供的更为详实的资料。它是采集重要国情国力数据信息的重要方式，也是国家宏观管理部门用于了解国民经济整体运行状况不可缺少的重要手段。世界各国一般都定期进行各种普查。目前，我国的普查也已制度化，一般每隔十年分期进行，每逢“0”的年份进行人口普查；每逢“6”的年份进行农业普查；每逢“3”和“8”的年份进行经济普查。

虽然统计报表也是提供全面的基本统计资料，却代替不了普查。因为有些社会现象如：人口变动、物资库存等不可能、也不便于经常组织调查，而国家又需要掌握这些现象在一定时点状态上的全面资料，这就需要采用普查的调查方式。

普查收集的资料要求时间性强、范围广、需要动员大量的人力、物力，因而，只有在需要了解国家重要国情国力时，才能在全国范围内组织普查，普查工作需要有统一领导、统一要求和统一行动，以保证普查资料的可靠性。

3. 答：按照统计调查的组织形式不同，统计调查分为统计报表制度和专门调查。专门调查又分为普查、重点调查、典型调查和抽样调查，其中重点调查、典型调查和抽样调查为非全面调查。

抽样调查是按照随机原则从总体中抽取部分单位组成样本，对样本指标进行测定并据此对总体的数量特征进行估计或作出判断。

抽样调查是现代推断统计的核心，因为无论对总体的参数估计或假设检验，都是以测定样本得到的样本指标——统计量为依据的。

重点调查是一种非全面调查，它是指从调查对象的全部范围内，只选择一部分客观存在的重点单位进行调查。借以了解总体的基本情况。

典型调查也是专门组织的一种非全面调查，它是根据调查研究的目的和要求，在对总体进行全面分析的基础上，有意识地选择其中有代表性的典型单位进行深入细致的调查，借以认识事物的本质特征，因果关系和发展变化的趋势。

4. 答：随着抽样理论和技术的不断发展，抽样调查发挥着日益重要的作用，具体表现在以下几个方面：

（1）抽样调查可以节省人力、物力、财力、费用和时间，而且方法灵活。

（2）在一定的条件下，抽样调查的结果比全面调查的结果更准确。

（3）利用抽样调查的调查结果，可以验证或修正全面调查的统计资料。

5. 答：

（1）确定调查目的。

（2）确定调查对象和调查单位。

（3）拟订调查项目和编制调查表。

（4）确定调查时间和时限。

（5）编制调查的组织计划。

## 第三章　统计整理

**知识检测**

一、填空题

1. 总体单位、统计分析

2. 分、合、相同、相异

3. 选择分组标志、划分各组界限

4. 品质标志、数量标志、简单、复合

5. 各组名称或各组变量值、各组单位数、频数

6. 品质、变量

7. 单项、组距

8. 上限、下限、上限、下限、组距、全距

9. 重合、断开

10. 品质数列、变量数列

11. 选择分组标志的多少

12. 总标题、横行标题、纵栏标题、数字资料、主词栏、宾词栏

二、判断题

1. √　2. ×　3. ×　4. ×　5. ×　6. √　7. √　8. √　9. ×　10. ×　11. √　12. √　13. ×　14. ×　15. √　16. ×　17. √　18. ×

三、单项选择题

1. C　2. C　3. A　4. B　5. B　6. A　7. C　8. C　9. A　10. C　11. B　12. B　13. B　14. A　15. B　16. D　17. B　18. C

四、多项选择题

1. ABCDE　2. BCDE　3. BC　4. ABE　5. ACD　6. BCDE　7. BC　8. ACD　9. BCD　10. CD　11. ABD　12. DE　13. CE

五、简答题

1. 答：统计整理就是根据统计研究的目的，将统计调查所获得的大量资料进行加工整理、综合汇总，使其系统化、条理化、科学化，得出反映总体综合数量特征的统计资料的工作过程。

统计整理的内容包括：

（1）设计和编制统计整理方案。

（2）对调查资料进行审核。

（3）对调查资料进行统计分组和统计汇总。

（4）编制统计表和绘制统计图。

（5）统计资料的积累、保管和公布。

2. 答：统计分组是指根据事物内在的特点和统计研究的需要，将统计总体按照某个标志区分为若干组成部分的一种统计方法。统计分组的作用：

（1）划分复杂现象的类型。

（2）研究现象总体的内部构成。

（3）分析现象之间的依存关系。

3. 答：（1）根据研究目的选择分组标志。即，要符合统计研究的目的和要求。

（2）选择反映事物本质区别的标志。

（3）根据经济发展变化及历史条件选择分组标志。

4. 答：简单表是指对统计总体未作任何分组，仅按单位名称或时间顺序排列而成的统计表。分组表是指对统计总体仅按一个标志进行分组而形成的统计表。复合表是指对统计总体按两个或两个以上标志进行层叠分组而形成的统计表。

5. 答：在统计分组的基础上，把总体的所有单位按组归并排列，形成总体中各个单位在各组间的分布，称为分配数列，也称分布数列或次数分布。根据分组标志的不同，分配数列可分为品质（属性）数列和变量数列。

6. 答：在实际工作中，我们一般是先确定组距，再根据全距确定组数。确定组距时，要根据全距以及大多数变量值集中的区间来考虑问题。要使组距反映各组之间的数量界限，把性质相同的单位归入一组，而将性质不同的单位划分为不同的组别，以保证编制的组距数列尽可能反映出总体分布的特征及其规律性。

确定组限时，首先最好要用整数表示，如果可能最好要使每组组限是 5 或 10 的倍数，这样方便组距和组中值的计算；其次应使第一组的下限值要小于或等于最小的变量值，最后一组的上限值要大于最大的变量值，以保证每个总体单位都有属于自己所在的组，而不被遗漏；最后对于连续变量应采用重叠组限，即每一组的上限同时是下一组的下限，为了避免计算总体单位分配数值的混乱，一般原则是把到达上限值的单位数计入下一组内，一般称为“上组限不在内”原则。对于离散型变量分组，则相邻两组的上限与下限通常是以两个确定的不同整数值来表示，相邻两组的上下限可以不重合。

7. 答：统计表从形式上看，由总标题、横行标题、纵栏标题和指标数四部分组成；统计表从其内容上看，由两部分组成，一部分是主词；另一部分是宾词。

统计表按用途分类可分为调查表、整理表和分析表；按统计数列的性质分类可分为空间数列表、时间数列表和时空数列结合表；按总体分组情况分类可分为简单表、简单分组表和复合分组表。

**综合分析与计算**

1. 答：第二组和第四组有错误。第二组是，每组上下限应重合，他给断开了。第四组是，完成计划和没完成计划混在了一起。

2. 答：

**某班组 20 名工人看管机器台数分组表**

| 看管机器台数/台 | 工人数 |
|---|---|
| 2 | 5 |
| 3 | 4 |
| 4 | 9 |
| 5 | 2 |
| 合计 | 20 |

3. 答：

**某班 40 名学生统计学考试成绩分组表**

| 按成绩分组/分 | 学生数 |
|---|---|
| 60 以下 | 3 |
| 60～70 | 6 |
| 70～80 | 15 |
| 80～90 | 12 |
| 90 以上 | 4 |
| 合　计 | 20 |

4. 答：

**某城市两所大学的人员构成状况复合统计表**

| 大　学 | 人 数/人 | 大　学 | 人数/人 |
|---|---|---|---|
| 甲大学 | 1 400 | 乙大学 | 1 200 |
| 男教职工 | 800 | 男教职工 | 550 |
| 行政人员 | 200 | 行政人员 | 120 |
| 教师 | 40 | 教师 | 350 |
| 工人 | 150 | 工人 | 80 |
| 女教职工 | 600 | 女教职工 | 650 |
| 行政人员 | 160 | 行政人员 | 150 |
| 教师 | 320 | 教师 | 400 |
| 工人 | 120 | 工人 | 100 |

5. 答：

**某年某工业公司所属企业的计划完成情况分组表**

| 计划完成程度/% | 企业数 | 工人数/人 | 实际产值/万元 |
|---|---|---|---|
| 90 ~ 100 | 3 | 1 660 | 12 700 |
| 100 ~ 110 | 4 | 1 090 | 8 600 |
| 110 ~ 120 | 2 | 1 890 | 22 000 |
| 合　计 | 9 | 4 640 | 43 300 |

6. 答：

**某企业某年 40 名工人的业务考核成绩分布表**

| 成绩/分 | 人数 | 频率/% | 向上累计 | | 向下累计 | |
|---|---|---|---|---|---|---|
| | | | 人数 | 频率/% | 人数 | 频率/% |
| 60 以下 | 2 | 5.0 | 2 | 5.0 | 40 | 100.0 |
| 60 ~ 70 | 7 | 17.5 | 9 | 22.5 | 38 | 95.0 |
| 70 ~ 80 | 11 | 27.5 | 20 | 50.0 | 31 | 77.5 |
| 80 ~ 90 | 12 | 30.0 | 32 | 80.0 | 20 | 50.0 |
| 90 以上 | 8 | 20.0 | 40 | 100.0 | 8 | 20.0 |
| 合　计 | 40 | 100.0 | — | — | — | — |

7. 答：

**某地区 20 家企业某年的销售利润额分布表**

| 销售利润额/万元（变量） | | 企业数（频数） | 上限 | 下限 | 组中值 | 频率/% |
|---|---|---|---|---|---|---|
| 变量值 | 400 ~ 500 | 2 | 500 | 400 | 450 | 10 |
| | 500 ~ 600 | 4 | 600 | 500 | 550 | 20 |
| | 600 ~ 700 | 6 | 700 | 600 | 650 | 30 |
| | 700 ~ 800 | 5 | 800 | 700 | 750 | 25 |
| | 800 以上 | 3 | — | 800 | 850 | 15 |
| 合　计 | | 20 | — | — | — | 100 |

根据表中资料指出：

（1）表中变量数列属于哪一种数列。——组距数列

（2）表中的变量、变量值、上限、下限、频数。——见表。

（3）计算组距、组中值、频率。——组距均为 10，组中值和频率见表。

# 第四章　总量指标与相对指标

## 知识检测

一、填空题

1. 总体标志总量、总体单位总量
2. 时期指标、时点指标
3. 实物单位、价值单位、劳动单位
4. 104.55%
5. 强度相对数
6. 报告期、基期
7. 系数、成数、有名数
8. 水平法、累计法
9. 劳动时间
10. 比例相对数
11. 对比、现象、关系
12. 总量、相对、平均
13. 规模、水平、工作总量
14. 计划完成程度、结构、比例、比较、强度、动态

二、判断题

1. √　2. ×　3. ×　4. ×　5. √　6. ×　7. √　8. ×　9. √　10. √　11. √　12. ×　13. √　14. ×　15. √

三、单项选择题

1. C　2. A　3. B　4. C　5. D　6. D　7. D　8. B　9. B　10. A　11. B　12. C　13. C　14. D

四、多项选择题

1. ACDE　2. ABE　3. ABCDE　4. ACD　5. ABCDE　6. BCD　7. AB　8. ABCD　9. ACD　10. ABCDE　11. ABC　12. ABC

五、简答题

1. 答：总量指标在社会经济研究和管理中有重要的作用，主要表现为三个方面：

（1）总量指标是认识社会经济现象总体的起点。

（2）总量指标是进行宏观调控、编制经济计划和实施经营管理的基本依据。

（3）总量指标是计算相对指标和平均指标的基础。

2. 答：第一，时期指标的数值可以连续计数，它的每一个数据都可以说明社会经济现象在这一时期内发生发展的总量。

第二，作为时期指标，各个时期的数值是可以累计相加的，累加的结果可以

说明更长一段时间内社会经济现象总体所发生的总量。

第三，一般地说，时期指标的大小直接受社会经济现象总体活动过程时间长短的制约，其数值大小与时间长短成正比。

3. 答：强度相对数和平均数之间的区别在于算术平均数是同一总体的各总体单位的某一标志值之和与总体单位数之比，是将总体中的某一数量标志的各个变量值加以平均，其分子、分母必然属于同一个总体，分母是分子的直接承担者，分母任何变化都会反映到分子中去。而强度相对数表明两类现象之间的数量对比关系，其分子、分母可以来自于不同的总体，而且两者之间没有必然的联系，即分母的变化不一定必然会反映到分子中去。

4. 答：（1）注意指标的可比性

相对数是两个相互联系指标的比率。可比性原则是指对比的两个指标应有相互对比的共同基础，要比得合理，符合研究对象的客观规律。比的结果要有明确的含义，并恰当反映出现象的数量关系。指标是否可比，主要在于对比基数的选择和指标总体范围的界定及计算方法是否可比。

（2）相对数与绝对数结合运用

无论哪一种统计指标，都有它自身的优势，也有其局限性。总量指标能够反映事物发展的总规模和总水平，却不易看清事物差别的程度；相对指标反映了现象之间的数量对比关系和差异程度，却又将现象的具体规模和水平抽象化了。

（3）多种相对数结合运用

不同的相对数有不同的作用，可从不同的角度来说明问题。在对较复杂现象进行分析时，只运用某种相对数还不能满足要求，应根据研究的目的及分析现象的特点综合运用各种相对数。这样才有助于合理深入地分析问题和认识问题，从而得出正确的结论。比如，以某企业某个时期劳动生产率为研究对象，将其与上期同期水平对比，可以反映发展速度；将其与计划水平对比，可以检查计划执行情况；将其与同行业的平均水平或先进水平对比，则可以反映差距。

（4）相对指标不能简单相加

因为计算相对数的基础不同，把它们简单的直接相加在一起，没有如何的实际意义。有一点特殊的就是：结构相对指标，由于计算的基础相同（即分母相同）可以直接相加。各组（部分）的结构相对指标相加总和等于100%，然而不同时期、不同总体的结构相对指标仍不能直接相加。

5. 答：有些强度相对数的分子和分母可以互换，在此基础上形成了强度相对数的正指标和负指标的区别。强度相对数的数值越大，说明现象的强度、密度和普遍程度越强，二者之间成正比，这样的强度相对数称为正指标；强度相对数的数值越大，说明现象的强度、密度和普遍程度越弱，二者之间成反比，这样的强度相对数为负指标。正指标和负指标是互为倒数的关系。二者意义是相同的。

**综合分析与计算**

1. 解：

动态相对数：

甲省：与前一年比，煤为前一年的 5 250/5 000 = 105%；人口为前一年的 7 100/7 000 = 101.43%

乙省：与前一年比，煤为前一年的 5 000/4 800 = 104.17%；人口为前一年的 6 500/6 500 = 100%

强度相对数：

甲省：2018 年人均煤产量为 5 000/7 000 = 714.29（千克/人）；

2019 年人均煤产量为 5 250/7 100 = 739.44（千克/人）

乙省：2018 年人均煤产量为 4 800/6 500 = 738.46（千克/人）；

2019 年人均煤产量为 5 000/6 500 = 769.23（千克/人）

比较相对数：

2018 年：甲省煤产量是乙省煤产量的 1.04 倍（5 000/4 800 = 1.04）。

2019 年：甲省煤产量是乙省煤产量的 1.05 倍（5 250/5 000 = 1.05）。

2. 解：

水平法："十一五"钢产量计划完成程度 110%，提前两个季度完成计划。

3. 解：

（1）2019 年单位成本计划数值 900 元，2019 年单位成本实际数值 920 元。

（2）2019 年单位产品计划完成程度 102.22%。

（3）2019 年单位产品成本实际比计划少降低 2 个百分点。

4. 解：

| 企业 | 第三季度利润/万元 | 第四季度 | | | | | 第四季度为第三季度% |
|---|---|---|---|---|---|---|---|
| | | 计划 | | 实际 | | 计划完成% | |
| | | 利润 | 比重% | 利润 | 比重% | | |
| | (1) | (2) | (3) | (4) | (5) | (6) | (7) |
| 一厂 | 1 082 | 1 234 | 30.52 | 1 358 | 32.84 | 110.05 | 125.51 |
| 二厂 | 1 418 | 1 724 | 42.63 | 1 637.8 | 39.60 | 95 | 115.50 |
| 三厂 | 915 | 1 085.71 | 26.85 | 1 140 | 27.56 | 105 | 124.59 |
| 合计 | 3 415 | 4 043.71 | 100.00 | 4 135.8 | 100.00 | 102.28 | 121.11 |

（1）（1、2、4）栏为时期指标，（3、5）栏为结构相对数，（6）栏计划完成相对数，（7）栏为动态相对数。

（2）若二厂完成计划，该企业利润将增加 86.2 万元，超额完成计划绝对数 178.29 万元，超额完成相对数为 4.41%。

（3）若二、三两厂都到达一厂完成计划程度，企业将增加利润 314.29 万元，超额完成计划绝对数为 406.38 万元，超额完成计划相对数为 10.05%。

5. 解：

（1）该地区该年国民收入中用于积累的比重为 31.25%，用于消费的比重为 68.75%，积累与消费的比例为 100∶220。

（2）人均国民收入为 1 084.75（元/人）。

6. 解：

| | 2018 年 | 2019 年 | 2019 年 | | |
|---|---|---|---|---|---|
| | | | 比重% | 轻重总值为农总值的% | 2019 年为 2018 年的% |
| 工农业总产值/亿元 | 6 175 | 6 619 | 100.00 | — | 107.19 |
| 其中：农业产值 | 1 584 | 1 627 | 24.58 | 100.00 | 102.71 |
| 轻工业产值 | 1 980 | 2 344 | 35.42 | 144.07 | 118.38 |
| 重工业产值 | 2 611 | 2 648 | 40.00 | 162.75 | 101.42 |

# 第五章　平均指标与标志变异指标

**知识检测**

一、填空题

1. 总体标志总量、总体单位总数

2. 频数、权数

3. 相对数权数

4. 各组权数相等

5. 倒数

6. $p$、$\sqrt{pq}$

7. $\frac{\sum f}{2}$

8. 集中趋势、离散趋势

9. 算术

10. $\sqrt[20]{(1+10\%)^{10}\times(1+8\%)^{5}\times(1+6\%)^{5}}-1$

11. 算术平均数、平方根

12. 算术平均数、调和平均数、几何平均数

13. 越大、越小

二、判断题

1. √　2. ×　3. ×　4. ×　5. ×　6. √　7. √　8. √　9. √　10. √　11. ×　12. ×　13. √　14. ×　15. √　16. ×　17. √　18. √

三、单项选择题

1. D　2. D　3. B　4. C　5. B　6. B　7. A　8. C　9. C　10. B　11. C　12. D　13. B　14. D　15. C　16. D　17. C　18. B

四、多项选择题

1. CE　2. ABCD　3. ABD　4. ADE　5. CE　6. CD　7. ABDE　8. BCE　9. ABC　10. BCD　11. AC　12. ACE　13. ABC

五、简答题

1. 答：平均指标是同质总体各单位某一数量标志值在一定时间、地点条件下所达到的一般水平或代表值，其数值表现为平均数，可以用来反映标志值的一般水平。

特点：

（1）平均指标是一个抽象化的数值，平均指标把总体各单位之间数量上的差异抽象化了。

（2）平均指标是一个代表值，它代表的不是某一单位的具体水平，而是总体各单位的一般水平。

作用：

（1）平均指标可以度量统计分布的集中趋势或中心位置。

（2）平均指标可以作为对比分析的基础。

（3）平均指标可以作为论断事物的一种数量标准或参考，研究事物之间的依存关系。

（4）平均指标可以进行推算和预测。

2. 答：在加权算术平均数的计算中，如果某一组的权数较大，说明该组的数据较多，那么该组数据的大小对算术平均数的影响就大，反之则小。权数对加权算术平均数计算结果的影响，并不是以权数本身绝对值的大小而言的，而是指各组单位数占总体单位数的比重，即权数系数（$f/\sum f$）。权数系数亦称为频率，是一种结构相对数。相对数权数是根据绝对数权数计算出来的，反映权数在各个变量值之间的分配比例，能更好地体现权数的实质。

3. 答：标准差系数是离散系数的一种重要的计算形式，它是标准差与其相应的平均数对比所得到的。作为标准差等绝对数标志变异指标只能在同类现象且平均数相等的条件下，才能对现象的差异程度进行比较。在实际应用中，由于不同现象的计量单位不同，不能直接对比；即使是同类现象，在平均指标不相等的条件下，由于其值受自身平均水平高低的影响，也不能直接对比。为解决以上问题，就需要计算标志变异指标的相对指标，即标准差系数来进行比较。

4. 答：（1）必须注意所研究社会经济现象的同质性

（2）必须注意用组平均数补充说明总平均数

（3）必须注意用分配数列补充说明平均数

（4）要与总量指标、相对指标结合运用

5. 答：所谓标志变异指标，就是反映总体各单位标志值差异程度或离散趋势的综合指标，也称标志变动度。

（1）标志变异指标可以用来衡量平均数代表性的大小

（2）标志变异指标可以反映事物发展的均衡性和稳定性

（3）标志变异指标可以衡量估计误差的大小

6. 答：偏态是对偏斜方向和程度的测定，是指变量数列中次数分布的非对称程度。

偏态可通过计算偏态系数来进行测度，其计算公式为：

$$\alpha = \frac{v_3}{\sigma_3} = \frac{\sum (x - \bar{x})^3 \cdot f}{\sum f \cdot \sigma^3}$$

偏态系数 $\alpha$ 的数值一般在 0 与 ±3 之间，$\alpha$ 越接近 0，分布的偏斜度越小；$\alpha$ 越接近 ±3，分布的偏斜度越大。

峰度是指频数分布曲线高峰的形态，即反映分布曲线的尖削程度的测度。

测度峰度需要计算峰度系数，其计算公式为：

$$\beta = \frac{v_4}{\sigma_4} = \frac{\sum (x - \bar{x})^4 f}{\sum f \cdot \sigma^4}$$

当 $\beta = 3$ 时，表示分布的峰度是正态分布；当 $\beta > 3$ 时，表示分布曲线的高峰是尖峰分布；当 $\beta < 3$ 时，表示分布曲线的高峰是平峰分布。

7. 答：（1）算术平均数与总体单位数的乘积等于各变量值的总和。

（2）各变量值与其算术平均数的离差之和等于零。

（3）各变量值与其算数平均数的离差平方之和为最小值。

（4）如果每个变量值都增加或减少任意常数 $c$，则平均数也要增减这个数 $c$。

（5）如果每一个变量值都乘以或者除以任意常数 $c$，则平均数也要乘以或者除以这个常数 $c$。

8. 答：作为平均指标，其分子和分母在总体范围上具有可比性，两者属于同一总体且标志总量依附于总体单位总数，即各标志值与各单位之间是一一对应的关系，而强度相对指标虽然也是两个总量指标之比，但是，它是两个性质不同而又有联系的总量指标之比。强度相对指标的分子分母是两个不同总体现象的总量，不存在各标志值与各总体单位之间的对应问题。

**综合分析与计算**

1. $\bar{x} = \frac{\sum xf}{\sum f} = \frac{790}{40} = 19.75$（岁）

2. $H = \frac{\sum m}{\sum \frac{m}{x}} \times 100\% = \frac{2\,331}{2\,260} \times 100\% = 103.14\%$

3. $G = \sqrt[3]{95\% \times 96\% \times 98\%} = 96.33\%$

4. $G = \sqrt[10]{106\%^2 \times 107\%^5 \times 108\%^2 \times 109\%} - 1 = 7.2\%$

5. $\bar{x} = \sum x \cdot \frac{f}{\sum f} = 1\,620$(元)

6. $\bar{x} = \frac{\sum xf}{\sum f} = \frac{1\,076\,000}{800} = 1\,345$(元)

$M_0 = L + \frac{\Delta_1}{\Delta_1 + \Delta_2} \times i = 1\,200 + \frac{270}{270 + 170} \times 200 = 1\,322.73$(元)

$M_e = L + \frac{\frac{\sum f}{2} - S_{m-1}}{f_m} \times i = 1\,200 + \frac{\frac{800}{2} - 150}{350} \times 200 = 1\,342.86$(元)

7. $\sigma_{甲} = \sqrt{\frac{\sum (x - \bar{x})^2}{n}} = \sqrt{\frac{260\,000}{5}} = 228.04$(元)

$\sigma_{乙} = \sqrt{\frac{\sum (x - \bar{x})^2}{n}} = \sqrt{\frac{400\,000}{5}} = 282.84$(元)

8. $A.D._{乙} = \frac{\sum |x - \bar{x}| \cdot f}{\sum f} = \frac{292}{40} = 7.3$(厘米)

9. $\sigma_{乙} = \sqrt{\frac{\sum (x - \bar{x})^2 f}{\sum f}} = \sqrt{\frac{2\,960}{40}} = 8.60$(厘米)

10. $V_{\sigma甲} = \frac{\sigma_{甲}}{x_{甲}} \times 100\% = \frac{10}{173} \times 100\% = 5.78\%$

$V_{\sigma乙} = \frac{\sigma_{乙}}{x_{乙}} \times 100\% = \frac{8.60}{171} \times 100\% = 5.03\%$

## 第六章　时间数列

**知识检测**

一、填空题

1. 现象所属的时间、现象在不同时间上的指标数值

2. 总量指标时间数列、相对指标时间数列、平均指标时间数列、总量指标时间数列

3. 时期数列、时点数列

4. 时间长短应，总体范围应，计算方法、计算价格和计量单位应，指标的经济内容应

5. 水平指标、速度指标

6. 发展速度、增长速度、增长百分之一绝对值、平均发展速度和平均增长速度

7. 水平法、累计法
8. 速度
9. 发展速度
10. 加法模型、乘法模型
11. 直线、曲线
12. $\sum t$
13. 一年
14. 报告期水平、固定基期水平

二、判断题

1. √  2. √  3. ×  4. ×  5. √  6. √  7. ×  8. √  9. ×  10. ×  11. √  12. ×  13. ×  14. ×  15. √

三、单项选择题

1. B  2. A  3. A  4. D  5. D  6. D  7. D  8. B  9. D  10. A  11. B  12. D  13. C  14. A  15. D  16. A  17. B

四、多项选择题

1. CDE  2. ABCD  3. BCE  4. AB  5. ABD  6. ABC  7. ABCD  8. ABC  9. BCD  10. ADE  11. AD

五、简答题

1. 答：一个时间数列由两部分构成：一是现象所属的时间；二是现象在不同时间上的指标数值。按其指标表现形式的不同，时间数列可分为总量指标时间数列、相对指标时间数列和平均指标时间数列。

保证各时期指标数值的可比性乃是编制时间数列的基本条件。其可比性具体要求如下：

（1）时间长短应统一；（2）总体范围应统一；（3）计算方法、计算价格和计量单位应统一；（4）指标的经济内容应统一。

2. 答：动态数列是某社会经济现象在不同时间上的一系列统计指标值按时间先后顺序加以排列后形成的数列。而变量数列是将同一总体内各单位按数量标志分组形成的分布数列。二者一个是从动态上反映现象总体的分布特征，一个是从静态上反映总体各单位的分布特征。

3. 答：所谓时期数列是指由时期指标构成的数列，即时期数列是反映社会经济现象在一段时间内发展过程的总量。时期数列具有以下特点：

（1）时期数列中的各个指标是可以相加的。由于时期数列中每一个指标数值都是在一段时期内发展的总数，所以相加之后指标数值就表明现象在更长时期发展的总量。如全年的国内生产总值是一年中每个月国内生产总值相加的结果，各月份的国内生产总值又是月份内每天的国内生产总值之和。

（2）时期数列中，每个指标数值的大小与时期长短有直接关系。由于时期数列中每个指标都是社会经济现象在一段时期内的发展过程中不断累计的结果，所以一般来说，时期越长指标数值就越大，反之就越小。

（3）时期数列具有连续统计的特点。数列中的统计数据是通过经常性调查登记取得的。

所谓时点数列是指由时点指标构成的数列，即时点数列是反映社会经济现象在某一时刻的总量。时点数列具有以下特点：

（1）时点数列中各个指标数值是不能直接相加的。时点数列的观察值除计算需要外，一般不进行加总，即使相加，其结果也没有什么实际意义。

（2）时点数列中每个指标数值大小和时点间隔长短没有直接关系。时点数列中每个指标只是现象在某一时点上的水平，因此它的大小与时点间隔的长短没有直接关系。例如，年末的人口数不一定比某月底的人口数大。

（3）时点数列指标不具有连续统计的特点。时点数列中各项指标数值是反映现象在某一时刻上所达到的数量，其观察值只需隔一段时间统计一次即可，是通过一次性调查登记取得的。

4. 答：序时平均数和一般平均数既有共同之处，也有区别。它们的相同之处是二者都是将现象的个别数量差异抽象化，反应现象在数量上达到的一般水平。二者的区别在于，序时平均数是根据时间序列计算的，所平均的是现象在不同时间上的数量表现，从动态上说明现象在某一段时间内的一般水平；而静态平均数是根据变量数列计算的，所平均的是同一时间总体各单位标志值的数量表现，从静态上说明总体在某一时间条件下的一般水平。

5. 答：因为速度指标是一个相对值，它与对比的基期值的大小有很大关系。对比的基础不同，可能会造成速度指标数值上的较大的差异，进而造成速度指标上的虚假现象。在这种情况下，我们需要将速度指标与绝对水平结合起来进行分析，而两者结合的最有代表性的指标就是增长1%绝对值，它主要用来补充说明增长速度的实际效果。其涵义为速度每增长1%而增加的绝对数量。

6. 答：水平法平均发展速度计算的理论依据是：现象从最初水平 $a_0$ 出发，以平均发展速度 $\overline{X}$ 代替各环比发展速度 $X_1, X_2, \cdots, X_n$，经过 $n$ 期发展，达到最末水平 $a_n$。在实际中，如果用水平法制定长期计划，则要求用几何平均法计算期内平均发展速度，按此平均发展速度发展，可以保证在最后一年达到规定的水平。

累计法平均发展速度计算的理论依据是：现象从最初水平 $a_0$ 出发，各期按平均发展速度 $\overline{X}$ 计算发展水平，则计算的各期发展水平累计总和，应与实际所具有的各期发展水平的累计总和相等。在实际中，如果长期计划按累计法制定，则要求用累计法计算平均发展速度，按此速度发展，可保证计划期内各期发展水平的累计达到计划规定的总数。

7. 答：长期趋势（$T$）是指现象在一段较长的时间内，由于普遍的、持续的、决定性的基本因素的作用，使发展水平沿着一个方向，逐渐向上或向下变动的趋势。认识和掌握事物的长期趋势，可以把握事物发展变化的基本特点。

8. 答：逐期增长量与累积增长量的关系：各逐期增长量的和等于相应时期的累积增长量；两相邻时期累积增长量之差等于相应时期的逐期增长量。

环比发展速度和定基发展速度的关系：各期环比发展速度的连乘积等于相应时期的定基发展速度；两个相邻的定基发展速度的比率等于相应时期的环比发展速度。

9. 答：最小平方法的理论依据是：时间数列中的实际数值与趋势值的离差平法之和为最小值。若时间数列的各期逐期增长量相对稳定，即现象发展水平按相对固定的绝对速度变化时，则采用直线（线性函数）作为趋势线，来描述趋势变化，预测前景；若时间数列的各期逐期增长量的增长量（即二次增长量或二阶差分）大致相同，则该现象的发展趋势属二次曲线型，可拟合二次曲线方程进行趋势分析和预测；若时间数列的各期环比增长速度大致相同，则该现象的发展趋势属于指数曲线形，可拟合指数曲线方程进行趋势分析和预测。

10. 答：季节变动是指许多经济现象受自然因素和消费习惯，风俗习惯等社会因素的影响，在一年内随着季节的更换而发生有规律性的变动。测定季节变动的主要方法是计算季节比率也称季节指数，来反映季节变动的程度。分析季节变动的常用方法是按月（或季）平均法和趋势剔除法等两种方法。

**综合分析与计算**

1. 解：$\bar{a} = \dfrac{\sum a}{n} = \dfrac{450 + 400 + 480 + 700}{4} = 507.50$(万元)

2. 解：$\bar{a} = \dfrac{\sum af}{\sum f} = \dfrac{38 \times 8 + 45 \times 6 + 30 \times 16 + 25 \times 1}{31} = 34.81 \approx 35$(人)

3. 解：

$$\bar{a} = \frac{\frac{a_1 + a_n}{2} + a_2 + \Lambda + a_{n-1}}{n - 1}$$

$$= \frac{\frac{303\,302 + 1\,173\,735}{2} + 826\,701 + 943\,102 + 1\,070\,588}{5 - 1}$$

$= 894\,727.38$(亿元)

4. 解：

$$\bar{a} = \frac{\frac{a_1 + a_2}{2} f_1 + \cdots + \frac{a_{n-1} + a_n}{2} f_{n-1}}{\sum f}$$

$$= \frac{\frac{1\,038.6 + 1\,042.4}{2} \times 2.5 + \frac{1\,042.4 + 1\,036.2}{2} \times 3.5 + \frac{1\,036.2 + 1\,038}{2} \times 3.5 + \frac{1\,038 + 1\,044.8}{2} \times 2.5}{12}$$

$= 1\,039.35$(万元)

5. 解：

$$\bar{c}=\frac{\sum a}{\frac{b_1+b_n}{2}+b_2+\cdots+b_{n-1}}=\frac{1\,170+1\,300+1\,370}{\frac{6.5+7.2}{2}+6.8+7.0}=185.96\text{(万元/千人)}$$

6. 解：$\bar{c}=\dfrac{\frac{a_1+a_n}{2}+a_2+\cdots+a_{n-1}}{\frac{b_1+b_n}{2}+b_2+\cdots+b_{n-1}}=\dfrac{\frac{100+155}{2}+96+108}{\frac{500+620}{2}+600+540}=19.5\%$

7. 解：(1) $\bar{a}=\dfrac{\sum a}{n}=\dfrac{110+120+130}{3}=120$(万元)

$$\bar{a}=\frac{\frac{a_1+a_n}{2}+a_2+\cdots+a_{n-1}}{n-1}=\frac{\frac{36+144}{2}+38+42}{4-1}=56.67\text{(万元)}$$

(2) 商品流转次数：10 月份 $=\dfrac{110}{\frac{36+38}{2}}=2.97$(次)，

11 月份 $=\dfrac{120}{\frac{38+42}{2}}=3$(次)，

12 月份 $=\dfrac{130}{\frac{38+144}{2}}=1.4$(次)

流通费用率：10 月份 $=\dfrac{9.8}{110}=8.90\%$

11 月份 $=\dfrac{9.8}{120}=8.17\%$

12 月份 $=\dfrac{9.5}{130}=7.31\%$ ，

(3) 第四季度商品流转次数：$\bar{c}=\dfrac{\bar{a}}{\bar{b}}=\dfrac{120}{56.67}=2.12$(次)

第四季度商品流通费用率 $=\dfrac{9.8+9.8+9.5}{110+120+130}=8.08\%$；

8. 略

9. 乙地 2019 年的发展水平：$a_n=a_0R=10.25\times213.68\%=21.9$(亿元)

甲地的平均增长速度：$\bar{x}-1=\sqrt[n]{\dfrac{a_n}{a_0}}-1=\sqrt[5]{\dfrac{21.9}{6.75}}-1=26.54\%$；

10. $\sum y=2\,910$，$\sum yt=970$，$\sum t^2=10$，用简捷法计算得：

$a=\dfrac{\sum y}{n}=\dfrac{2\,910}{5}=582$，$b=\dfrac{\sum yt}{\sum t^2}=\dfrac{970}{10}=97$

$y_c = 582 + 97t \quad y_{2022} = 1\,067$ 亿元

11. 按季平均法计算的季节比率：

一季度季节比率 = 112.8%，二季度季节比率 = 97.12%，

三季度季节比率 = 76.43%，四季度季节比率 = 113.67%。

按趋势剔除法计算的季节比率：

一季度季节比率 = 117.31%，二季度季节比率 = 98.49%，

三季度季节比率 = 75.44%，四季度季节比率 = 108.78%。

# 第七章　统计指数

## 知识检测

一、填空题

1. 狭义指数
2. 总指数、个体指数
3. 数量指标指数、质量指标指数
4. 定基指数、环比指数
5. 报告、基
6. 加权算术平均数指数、加权调和平均数指数、固定权数的平均数指数
7. $q_0p_0$、$q_1p_1$
8. 积、和
9. 增加 1.2%
10. 综合、平均数
11. 同度量、指数化
12. 权数

二、判断题

1. ×　2. √　3. √　4. √　5. ×　6. ×　7. ×　8. ×　9. √　10. √　11. ×　12. √　13. √　14. √

三、单项选择题

1. B　2. A　3. A　4. B　5. B　6. D　7. C　8. C　9. C　10. D　11. D　12. B　13. B　14. A　15. A　16. C　17. B　18. D　19. C　20. B

四、多项选择题

1. ABDE　2. ACE　3. CDE　4. BCD　5. ABCDE　6. BD　7. ABC　8. ABC　9. ABCD　10. AB　11. ABE　12. CD　13. ACD　14. BCD　15. ADE　16. AC　17. CD　18. ABE　19. CE

五、简答题

1. 答：统计指数的概念有广义和狭义之分：广义指数就是泛指社会经济现象数量变动的相对指标。狭义指数仅指反映不能直接相加的复杂的社会经济现象

总体在数量上综合变动情况的相对数。

统计指数的作用主要有：（1）综合反映社会经济现象总体的总变动方向及影响程度；（2）分析现象总变动中各因素变动的影响方向及影响程度；（3）反映同类现象变动在较长时间内的发展变化趋势。

2. 答：指数体系是由一系列相互联系的、彼此间在数量上存在推算关系的统计指数所构成的总体。它的主要作用在于：（1）利用指数体系可以分析复杂总体变动中各因素变动的影响情况；（2）利用各指数之间的数量上的联系，可以对它们进行相互推算；（3）用综合指数法编制总指数时，指数体系也是确定同度量因素固定时期的根据之一。

3. 答：在计算总指数时，把所要研究的现象，即要测定其变化的指标，称为指数化指标。

在计算总指数时，为了解决复杂社会经济现象总体中，各个要素不能直接相加，而使用的媒介因素，统计中称这个因素为同度量因素。

在由两因素构成的经济现象中，其中一个因素必然是数量指标，另一个因素则必然是质量指标。当我们要测定数量指标的变动时，则数量指标为指数化指标，而相应的质量指标就是同度量因素。反之，当我们要测定质量指标的变动时，质量指标为指数化指标，而同度量指标为相应的数量指标。随研究目的不同，数量指标与质量指标互为同度量因素。

4. 答：通常情况下，编制数量指标指数应以基期的质量指标为同度量因素；编制质量指标指数应以报告期的数量指标为同度量因素。

5. 答：二者区别表现在：（1）解决复杂总体不能同度量问题的思路不同。综合指数的特点是“先综合，再对比”，平均数指数的特点是“先对比，后平均”。（2）运用资料的条件不同。综合指数要求全面调查的资料，平均数指数既可用于全面调查资料，也可用于非全面调查资料。（3）在分析中的作用不同。平均数指数除作为综合指数变形加以应用的情况外，主要用以反映复杂总体的变动方向和程度，一般不用于因素分析；综合指数在分析中，不仅用以表明复杂总体的变动方向和程度，还用以进行因素分析，且能表明因素变动影响的绝对值。

二者的联系表现在：在一定的权数条件下，两类指数间有变形关系，即平均数指数可以作为综合指数的变形形式加以运用。

6. 答：同度量因素在计算总指数时，除了具有将不能相加的实物单位转为可以相加的价值单位这一媒介作用外，还具有区分总体内个别事物重要程度的权数作用。

7. 答：（1）先综合，后对比。在编制综合指数时，首先应解决复杂社会经济现象总体中各个个别事物由于使用价值和计量单位不同而不能直接加总和对比的问题。

（2）必须在时间上将同度量因素加以固定。在编制综合指数时，必须将同度量因素加以固定才能测定所要研究现象的综合变动。

（3）综合指数的分子、分母在所研究对象的范围上必须保持一致，并以全面统计资料作为研究基础。

8. 答：（1）统计资料的准确性。要求对统计调查资料要有确定而严密的定义，而且对统计调查过程中的一些重要细节确定严格的标准；（2）统计资料的代表性。统计指数编制一般采用样本资料，必须确保样本的代表性。抽样时须遵循两个原则，一是样本中的每一种类型资料与所代表的实际全面资料在性质上应保持一致，二是样本的各种类型资料之间在性质上应该存在着显著差异；（3）统计资料的充分性。即编制统计指数时所抽取的样本容量必须足够大；（4）统计资料的可比性。可比性是指统计指标的定义、口径和计量方法都要保持一致。

9. 答：零售物价指数的计算方法如下：（1）计算各个代表品个别零售物价指数；（2）把各个体指数乘上相应的权数后相加，再计算其算术平均数，即得小类指数；（3）把各小类指数乘上相应的权数后，再计算其算术平均数，即得中类指数；（4）把各中类指数乘上相应的权数后，计算其算术平均数，即得大类指数；（5）把各大类指数乘上相应的权数后，计算其算术平均数即得总指数。

**综合分析与计算**

1. 解：(1) $\overline{K}_{pq}=\dfrac{\sum q_1p_1}{\sum q_0p_0}=\dfrac{2\,040}{1\,575}=129.52\%$

$$\sum q_1p_1-\sum q_0p_0=2\,040-1\,575=465(\text{元})$$

(2) $\overline{K}_q=\dfrac{\sum q_1p_0}{\sum q_0p_0}=\dfrac{2\,000}{1\,575}=126.98\%$

$$\sum q_1p_0-\sum q_0p_0=2\,000-1\,575=425(\text{元})$$

(3) $\overline{K}_p=\dfrac{\sum q_1p_1}{\sum q_1p_0}=\dfrac{2\,040}{2\,000}=102\%$

$$\sum q_1p_1-\sum q_1p_0=2\,040-2\,000=40(\text{元})$$

(4) $129.52\%=126.98\%\times102\%$

$465=425+40$

2. 解：$\overline{K}_p=\dfrac{\sum p_1q_1}{\sum\dfrac{p_1q_1}{K_p}}=\dfrac{13\,300}{\dfrac{8\,200}{96\%}+\dfrac{5\,100}{98\%}}=\dfrac{13\,300}{13\,746}=96.76\%$

$$\sum q_1p_1-\sum q_1p_0=13\,300-13\,746=-446(\text{万元})$$

3. 解：$\overline{K_q}=\dfrac{\sum K_q p_0 q_0}{\sum p_0 q_0}=\dfrac{125\%\times200+110\%\times450+140\%\times350}{1\,000}$

$=\dfrac{1\,235}{1\,000}=123.5\%$

$\sum q_1p_0-\sum q_0p_0=1\,235-1\,000=235$(万元)

4. 解：(1) $\overline{K_{pq}}=\dfrac{\sum q_1p_1}{\sum q_0p_0}=\dfrac{346}{279}=124.01\%$

(2) $\overline{K_p}=\dfrac{\sum p_1q_1}{\sum \dfrac{p_1q_1}{K_p}}=\dfrac{346}{\dfrac{146}{115\%}+\dfrac{94}{120\%}+\dfrac{106}{110\%}}=\dfrac{346}{302}=114.6\%$

(3) $\overline{K_q}=\dfrac{\sum q_1p_0}{\sum q_0p_0}=\dfrac{302}{279}=108.2\%$

5. 解：(1) 可变构成指数 $=\dfrac{\sum x_1f_1}{\sum f_1}\div\dfrac{\sum x_0f_0}{\sum f_0}=\dfrac{3\,762\,500}{1\,050}\div\dfrac{1\,241\,500}{365}=105.35\%$

$\dfrac{\sum x_1f_1}{\sum f_1}-\dfrac{\sum x_0f_0}{\sum f_0}=\dfrac{3\,762\,500}{1\,050}-\dfrac{1\,241\,500}{365}=-181.96$(元)

(2) 固定构成指数 $=\dfrac{\sum x_1f_1}{\sum f_1}\div\dfrac{\sum x_0f_1}{\sum f_1}=\dfrac{3\,762\,500}{1\,050}\div\dfrac{3\,435\,000}{1\,050}=109.53\%$

$\dfrac{\sum x_1f_1}{\sum f_1}-\dfrac{\sum x_0f_1}{\sum f_1}=\dfrac{3\,762\,500}{1\,050}-\dfrac{3\,435\,000}{1\,050}=311.9$(元)

(3) 结构影响指数 $=\dfrac{\sum x_0f_1}{\sum f_1}\div\dfrac{\sum x_0f_0}{\sum f_0}=\dfrac{3\,435\,000}{1\,050}\div\dfrac{1\,241\,500}{365}=96.18\%$

$\dfrac{\sum x_0f_1}{\sum f_1}-\dfrac{\sum x_0f_0}{\sum f_0}=\dfrac{3\,435\,000}{1\,050}-\dfrac{1\,241\,500}{365}=-129.94$(元)

(4) $105.35\%=109.53\%\times96.18\%$

$181.96=311.90+(-129.94)$

6. 解：销售额指数：$\overline{K_{pq}}=\dfrac{\sum q_1p_1}{\sum q_0p_0}=\dfrac{1\,085\,310}{857\,000}=126.64\%$

$\sum q_1p_1-\sum q_0p_0=1\,085\,310-857\,000=228\,310$(元)

销售量总指数：$\overline{K_q}=\dfrac{\sum q_1p_0}{\sum q_0p_0}=\dfrac{1\,169\,400}{857\,000}=136.45\%$

$$\sum q_1p_0 - \sum q_0p_0 = 1\ 169\ 400 - 857\ 000 = 312\ 400(\text{元})$$

价格总指数：$\overline{K}_p = \dfrac{\sum q_1p_1}{\sum q_1p_0} = \dfrac{1\ 085\ 310}{1\ 169\ 400} = 92.81\%$

$$\sum q_1p_1 - \sum q_1p_0 = 1\ 085\ 310 - 1\ 169\ 400 = -84\ 090(\text{元})$$

因素分析：126.64% = 136.45% × 92.81%

228 310 = 312 400 + (−84 090)

7. 解：$\overline{K}_p = \dfrac{\sum K_pw}{\sum w} = 6\% \times 105\% + 2\% \times 100\% + \cdots + 6\% \times 100\%$
$= 120.57\%$

8. 解：原材料支出额指数：$\overline{K}_{qmp} = \dfrac{\sum q_1m_1p_1}{\sum q_0m_0p_0} = \dfrac{983\ 180}{736\ 000} = 133.58\%$

$$\sum q_1m_1p_1 - \sum q_0m_0p_0 = 983\ 180 - 736\ 000 = 247\ 180(\text{元})$$

产量指数：$\overline{K}_q = \dfrac{\sum q_1m_0p_0}{\sum q_0m_0p_0} = \dfrac{851\ 840}{736\ 000} = 115.74\%$

$$\sum q_1m_0p_0 - \sum q_0m_0p_0 = 851\ 840 - 736\ 000 = 115\ 840(\text{元})$$

单耗指数：$\overline{K}_m = \dfrac{\sum q_1m_1p_0}{\sum q_1m_0p_0} = \dfrac{1\ 205\ 424}{851\ 840} = 141.51\%$

$$\sum q_1m_1p_0 - \sum q_1m_0p_0 = 1\ 205\ 424 - 851\ 840 = 353\ 584(\text{元})$$

单价指数：$\overline{K}_p = \dfrac{\sum q_1m_1p_1}{\sum q_1m_1p_0} = \dfrac{983\ 180}{1\ 205\ 424} = 81.56\%$

$$\sum q_1m_1p_1 - \sum q_1m_1p_0 = 983\ 180 - 1\ 205\ 424 = -222\ 244(\text{元})$$

因素分析：

133.58% = 115.74% × 141.51% × 81.56%

247 180 = 115 840 + 353 584 + (−222 244)

# 第八章　抽样调查

## 知识检测

一、填空题

1. 随机、样本、总体
2. 个体、样本容量
3. 纯随机抽样、类型抽样、整群抽样、等距抽样

4. 重复抽样、不重复抽样
5. 平均数、总平均数
6. 样本单位数
7. 随机性、控制
8. 正比、反比、增大
9. 把握程度
10. 25
11. 小样本、30、30 以上、30、小样本
12. $\Delta = t\mu$
13. 样本指标、抽样误差、可靠程度
14. 重复、不重复

二、判断题

1. × 2. × 3. × 4. √ 5. × 6. × 7. × 8. √ 9. √ 10. √ 11. √ 12. × 13. √ 14. × 15. × 16. √

三、单项选择题

1. C 2. C 3. D 4. C 5. B 6. A 7. A 8. C 9. C 10. C 11. C 12. A 13. D 14. C 15. C

四、多项选择题

1. ABDE 2. ACD 3. ADE 4. ABD 5. ABCDE 6. ABD 7. ACD 8. ADE 9. AC 10. AE 11. BCE 12. ABCDE

五、简答题

1. 答：

抽样调查是科学的非全面调查，它是按照随机原则，从调查对象（总体）中抽取一部分单位进行调查，用调查所得指标数值对调查对象相应指标数值作出具有一定可靠性的估计和推断的一种统计调查方法。其特点是：

（1）按随机原则抽取样本。遵守随机原则，从全部总体中抽取一部分单位作为样本，是抽样调查的基本要求，也是抽样推断的基础。

（2）以部分单位的指标值去推断总体的指标值。抽样调查一方面是非全面调查，另一方面又要达到对总体数量特征的认识，这一特点使它不同于全面调查，也与其他非全面调查有着显著的区别。

（3）抽样推断是运用概率估计的方法。抽样调查利用样本指标来估计总体参数，在数字上运用不确定的概率估计法，而不是运用确定的数字分析方法，因为样本数据和总体参数之间并不存在严格对应的自变量和因变量的关系，它不能利用一定的函数关系来推算总体参数，那么用这样的样本指标值来代表相应的总体指标值其可靠程度究竟有多大，这就是概率估计所要解决的问题。

（4）抽样过程中抽样误差可以事先计算，并且可以控制。抽样调查是用样

本的数量特征去估计与推断总体的数量特征，由于样本单位的分布不能完全接近总体单位的分布。因此，在抽样推断过程中会产生一定的由随机因素引起的代表性误差，即抽样误差。

抽样误差是不能避免的，但事先可以通过一定的统计方法估计和计算，并且能通过各种有效的办法把抽样误差控制在一定的范围内，抽样调查的科学性，也正体现在对抽样估计和推断的结论能够提出客观的可以控制的精确度和可靠程度。

2. 答：

抽样调查和抽样推断是以有效取得各项实际资料为基础的，要保证抽样估计的准确性和可靠性，事先必须结合一定的抽样方法和抽样调查的组织方式。做好抽样设计工作，根据随机抽样的原则，结合具体研究对象的性质以及调查工作的目的和条件。在统计工作实践中有五种最基本的概率抽样方法。它们分别是：简单随机抽样，类型抽样，等距抽样，整群抽样和多阶段抽样。

在某些抽样方法中，又分为重复抽样或不重复抽样，等概抽样或不等概抽样等，一个具体的抽样调查，可采用某种抽样方法，也可以是多种抽样方法的结合。

3. 答：

所谓随机原则，就是在抽选样本时，排除主观有意识地抽选调查单位，使总体中每个单位都有相等的机会被抽中，即被抽中概率是相同的。

“随机”并不是“随便”，带有一定的人为或主观的因素，不是科学的概念。随机原则一般要求总体中每个的概率被抽中。

遵守随机原则，从全部总体中抽取一部分单位作为样本，是抽样调查的基本要求，也是抽样推断的基础。

坚持随机原则是因为，如果总体中每一个单位都有相等的机会被抽中，那么就有较大的可能性使所抽选的样本保持与总体有相类似的结构，这样样本的代表性就比较大，抽样误差也就小了。而且，也只有在随机原则的条件下，抽样误差的范围才可能事先加以计算和控制。

4. 答：

影响抽样误差的大小的因素很多，主要有以下 3 种：

（1）全及总体被研究标志的变动程度（$\sigma$）。在其他条件不变的情况下，全及总体被研究标志的变异程度越大，抽样误差也越大；反之，全及总体被研究标志的变异程度越小，抽样误差也越小。这是因为总体标志变异程度小，表示总体各单位标志值之间的差异小，则抽样指标与总体指标之间的差异可能也小。如果总体各单位标志值相等，即标志变动度等于零，这时，抽样指标就完全等于总体指标。抽样误差也就不存在了。所以，抽样误差的大小是同全及总体被研究标志的变异程度成正比的。

（2）抽样样本容量（$n$）的多少。在其他条件不变的情况下，抽样的样本容量越大，抽样平均误差越小；反之，样本容量越小，抽样平均误差越小。这是因为样本单位数越大，样本结构越能反映总体的结构，样本指标就越能代表总体相应的数量特征。当抽样总体抽大到等于全及总体时，则抽样调查就成为全面调查，抽样误差也就不存在了，所以，抽样误差的大小是和抽样单位数目的平方根成反比的。

（3）抽样的方法和组织形式不同。从总体中抽选样本单位有两种不同的方法，即重复抽样和不重复抽样。抽样的方法不同，抽样误差的大小也不同，一般来说，不重复抽样的抽样误差小于重复抽样的抽样误差。

5. 答：

所谓区间估计即根据一定的精确度和可靠程度的要求，用样本指标和抽样误差去推断总体指标的可能范围的一种估计方法。

总体参数区间估计的基本特点是根据给定的概率保证程度的要求，利用实际抽样资料，指出总体被估计值的上限和下限，即指出总体参数可能存在的区间范围，而不是直接给出总体参数的估计值。

这种估计方法有一个高限和一个低限，低限和高限构成了一个区间，估计的总体指标可能就在这个区间范围之内，所以叫做区间估计，这个区间称为置信区间。低限和高限称为置信界限。

**综合分析与计算**

1. 解：重复抽样条件下：

$$\mu_{\bar{x}} = \frac{\sigma}{\sqrt{n}} = \frac{800}{\sqrt{15}} = 206.56(\text{元})$$

不重复抽样条件下：

$$\mu_{\bar{x}} = \sqrt{\frac{\sigma^2}{n}(1-\frac{n}{N})} = \sqrt{\frac{800^2}{15}(1-\frac{15}{300})} = 201.33(\text{元})$$

2. 解：在重复抽样条件下：

$$\mu_p = \sqrt{\frac{p(1-p)}{n}} = \sqrt{\frac{0.8\times 0.2}{400}} = 2\%$$

在不重复抽样条件下：

$$\mu_p = \sqrt{\frac{p(1-p)}{n}\left(1-\frac{n}{N}\right)} = \sqrt{\frac{0.8\times 0.2}{400}(1-\frac{400}{10\ 000})} = 1.96\%$$

3. 解：平均数：$\bar{x} = \dfrac{\sum xf}{\sum f} = \dfrac{3\ 830}{50} = 76.6(\text{件})$

$$\text{标准差}:\sigma = \sqrt{\frac{\sum (x-\bar{x})^2 f}{\sum f}} = \sqrt{\frac{10\ 732}{50}} = 14.65(\text{件})$$

抽样误差：

$$\mu_{\bar{x}} = \sqrt{\frac{\sigma^2}{n}(1-\frac{n}{N})} = \sqrt{\frac{14.65^2}{50}(1-\frac{50}{1\ 385})} = 2.03(\text{件})$$

$76.6 \pm 1.96 \times 2.03 = 76.6 \pm 3.98$

4. 解：

$$p = \frac{50 + 20}{10 + 20 + 50 + 20} = 0.7$$

$$\mu_p = \sqrt{\frac{p(1-p)}{n}\left(1 - \frac{n}{N}\right)} = \sqrt{\frac{0.7 \times 0.3}{100}\left(1 - \frac{1}{100}\right)} = 4.56\%$$

$0.7 \pm 2 \times 0.0456 = 0.7 \pm 0.0912$

5. 解：

$$\bar{x} = \frac{\sum x}{n}$$

$$= \frac{1\,010 + 1\,005 + 990 + 995 + 1\,020 + 1\,030 + 1\,000 + 1\,015 + 1\,025 + 980}{10}$$

$$= 1\,007(\text{克})$$

$$\sigma^2 = \frac{\sum (x - \bar{x})^2}{n} = 231$$

$$\mu_x = \sqrt{\frac{\sigma^2}{n}\left(\frac{N-n}{N-1}\right)} = \sqrt{\frac{231}{10}\left(\frac{400-10}{400-1}\right)} = 4.75(\text{克})$$

$1\,007 \pm 3 \times 4.75 = 1\,007 \pm 14.25$

6. 解：

$$(1)\ \bar{x} = \frac{\sum xf}{\sum f} = \frac{385\,657}{3\,722} = 103.62(\text{万元})$$

$$\sigma = \sqrt{\frac{\sum (x - \bar{x})^2 f}{\sum f}} = \sqrt{\frac{173\,679\,590.6}{3\,722}} = 216.02(\text{万元})$$

$$\mu_{\bar{x}} = \frac{\sigma}{\sqrt{n}} = \frac{216.02}{\sqrt{3\,722}} = 3.54(\text{万元})$$

$103.62 \pm 3 \times 3.54 = 103.62 \pm 10.62$

$$(2)\ p = \frac{478}{3\,722} = 12.84\%$$

$$\mu_p = \sqrt{\frac{p(1-p)}{n}} = \sqrt{\frac{0.1284 \times (1 - 0.1284)}{3\,722}} = 0.55\%$$

$12.84\% \pm 2.82 \times 0.55\% = 12.84\% \pm 1.55\%$

7. 解：

样本平均数的单位数 $n_{\bar{x}} = \frac{t^2\sigma^2}{\Delta_{\bar{x}}^2} = \frac{2^2 \times 250^2}{20^2} = 625(\text{户})$

样本成数的单位数 $n_p = \frac{t^2 p(1-p)}{\Delta_p^2} = \frac{2^2 \times 0.65 \times 0.35}{0.04^2} = 569(\text{户})$

# 第九章　假设检验

## 知识检测

一、填空题

1. 原假设、备择假设
2. 双侧检验、单侧检验
3. 左单侧检验、右单侧检验
4. 临界值
5. $Z$
6. 参数假设检验、非参数假设检验
7. 小概率
8. 弃真错误、取伪错误
9. 拒绝域
10. T

二、判断题

1. ×　2. ×　3. √　4. ×　5. ×　6. √　7. ×　8. √　9. ×　10. ×

三、单项选择题

1. B　2. C　3. C　4. A　5. B　6. C　7. C　8. C　9. B　10. D

四、多项选择题

1. BD　2. BD　3. AC　4. ABD　5. CE

五、简答题

1. 答：虽然小概率事件在一次试验中发生的可能性很小，但依然可能出现，如果小概率事件出现了，而我们却拒绝了原假设，我们就犯了以真为假的错误，也就是弃真错误，统计上称弃真错误为第一类错误。反之，如果原假设不正确而我们却接受了原假设，我们就犯了以假为真的错误，即取伪错误，统计上称取伪错误为第二类错误。

2. 答：（1）提出原假设和备择假设；
（2）确定适当的检验统计量；
（3）确定显著性水平 $\alpha$；
（4）计算检验统计量的值；
（5）做出统计决策。

3. 答：当假设形式为 $H_0$：$\theta \geqslant \theta_0$ 或 $H_0$：$\theta \leqslant \theta_0$ 时，否定域是统计量概率分布曲线下左侧概率为 $\alpha$ 的小区域或右侧概率为 $\alpha$ 的小区域，这种形式的假设检验我们称之为单侧检验。若假设为 $H_0$：$\theta \leqslant \theta_0$，我们称之为右单侧检验；若假设为 $H_0$：$\theta \geqslant \theta_0$，我们称之为左单侧检验。

当假设形式为 $H_0$：$\theta = \theta_0$；$H_1$：$\theta \neq \theta_0$ 时，样本统计量的否定域，就应该是

统计量概率分布曲线的两侧概率较小的变量区间，且两侧否定域的概率各为$\frac{\alpha}{2}$，即两侧否定域的概率之和为显著性水平 $\alpha$。这种形式的假设检验我们称之为双侧检验。

4. 答：$t$ 分布与 $Z$ 分布的关系：

相同点：

（1）平均数值于中央且等于0，以纵轴为对称轴。

（2）曲线由中央向两侧逐渐降低，两尾部无限延伸与横轴相靠中终不相交。

（3）面积为1。

区别：

（1）标准正态曲线的形状不随 $n$ 的大小而改变。$t$ 分布曲随着 $n$ 的不同而变化，曲线不是一条，而是多条（一簇），即不同的自由度有不同的曲线。

（2）$n$ 越小，$t$ 分布曲线越平坦，曲线中间越低，两侧尾部翘得越高，$n$ 越大，$t$ 分布曲线越接近正态分布曲线。$n$ 为$\infty$时，$t$ 分布曲线与标准正态分布曲线完全重合。$t$ 分布就可由标准正态分布来取代。

5. 答：假设检验的基本思想是应用小概率的原理，所谓小概率原理，是指发生概率很小的随机事件在一次实验中是几乎不可能发生的。根据这一原理，如果一个事件的概率甚小，则它在一次实验中出现的可能性很小（或不可能）。在按照随机性原则获取的样本资料时，如果在原假设中小概率事件居然在取得该样本的一次实验中发生了，我们就有理由怀疑原假设的正确性，从而拒绝原假设。

**综合分析与计算**

1. $H_0$：$\overline{X}\leqslant 20$　$H_1$：$\overline{X}>20$

$Z=1.67>Z_{0.05}=1.64$，故拒绝原假设

2. $H_0$：$P\leqslant 10\%$　$H_0$：$P>10\%$

$Z=1.05<Z_{0.05}=1.64$，故接受原假设

3. $H_0$：$\overline{X}=50$　$H_1$：$\overline{X}\neq 50$

$\bar{x}=50.20$（克）　$S=0.62$（克）

$T=1.02<t_{0.1}^{(9)}=1.83$，故接受原假设

4. $H_0$：$P_1=P_2$　$H_1$：$P_1\neq P_2$

$Z=-4.87<-1.96$，故拒绝原假设

5. $H_0$：$\overline{X}\geqslant 1\,000$　$H_1$：$\overline{X}<1\,000$

$Z=-1.4>-1.96$，故接受原假设

6. $H_0$：$\overline{X}=73$　$H_1$：$\overline{X}\neq 73$

$Z=-1.762>-1.96$，故接受原假设

7. $H_0$：$\overline{X_1}-\overline{X_2}\leqslant 10\,000$　$H_1$：$\overline{X_1}-\overline{X_2}>10\,000$

$Z=9.40>1.96$，故拒绝原假设

# 第十章 相关与回归分析

## 知识检测

一、填空题

1. 关系数值不确定的
2. 函数关系
3. 单相关、复相关、偏相关，完全相关、不完全相关、不相关
4. 正相关、负相关、线性相关、非线性相关
5. 密切程度
6. -1、+1、负相关、正相关、大、小、1、0
7. 随机、给定、随机变量
8. 回归方程
9. 2
10. 回归系数、最小平方法
11. 0.56
12. 程度、方向

二、判断题

1. √ 2. √ 3. × 4. √ 5. × 6. √ 7. × 8. √ 9. × 10. × 11. √ 12. √ 13. √ 14. √ 15. √

三、单项选择题

1. C 2. B 3. B 4. D 5. C 6. C 7. B 8. D 9. B 10. D 11. A 12. D 13. B 14. C 15. B 16. A 17. D 18. A 19. B 20. A 21. A 22. B 23. B 24. C 25. A

四、多项选择题

1. ACD 2. ABE 3. ABDE 4. BCD 5. ACE 6. BC 7. AE 8. ABD 9. BD 10. AD 11. ACD 12. BDE 13. ABC 14. ABCD 15. AB

五、简答题

1. 答：两者的区别表现在：

（1）进行相关分析，不必确定哪个是自变量、哪个是因变量，而回归分析则必须事先进行定性分析，以确定自变量和因变量。

（2）相关分析中的两变量可以都是随机变量，而回归分析中的两变量另有因变量是随机的，而自变量是可控制的。

（3）相关分析只能确定相关的方向与程度，不能给出两变量相互关系的具体形式，而回归分析则能给出两变量关系的近似表达式。

两者的联系表现在：

回归分析是建立在相关分析基础上的，只有依靠相关分析确认了变量间存在

依存关系，回归分析才有意义。

2. 答：相关分析的主要内容有：

（1）判断变量间有无相关关系。

（2）判断相关关系的表现形态和密切程度。

（3）确定变量间相关关系的数量模型。

（4）测定数学模型的拟合精度。

3. 答：相关关系是指现象之间客观存在的数量上的不确定的依存关系。

相关关系有如下特点：

（1）相关关系表现为数量上的依存关系。即一个变量在数量上发生变化，另一个变量也会相应地发生变化。

（2）相关关系在数量上表现为不确定的依存关系。即存在相关关系的两个变量，对应于一个变量的取值，另一个变量可能有多个数值与之对应。

4. 答：估计标准误差是表明回归方程趋势值与观察值之间离差的平均水平的指标。

这个指标的作用可以概括为：

（1）它可以说明以回归直线为中心的所有相关点的离散程度。

（2）它可以说明回归方程的趋势值对应观察值的代表性大小。

（3）它可以反映两变量之间相关的密切程度。

5. 答：（1）拟合直线回归方程的要求主要是：找到合适的参数 $a$、$b$，使所确定的回归方程能够使实际值与对应的理论值的离差平方和为最小值。

（2）回归方程中的参数 $a$ 代表直线的起点值，在数学上称作直线的纵轴截距；参数 $b$ 称作回归系数，表示自变量增加一个单位时因变量的平均增加值。

6. 答：直线相关分析有以下特点：

（1）两个变量的地位是对等关系，不反映任何自变量与因变量的关系。

（2）只能计算出一个相关系数。

（3）相关系数带有正负号，分别表示正相关与负相关。

（4）相关的两个变量必须都是随机变量。

7. 答：函数关系是变量间的一种确定性关系，即一个变量的数值完全由另一个（或一组）变量的数值所确定和控制。函数关系通常可以用数学表达式确切地表示出来。但相关关系则不然，相关关系不是完全确定的，对自变量的一个值，与之相对应的因变量值不是唯一的，相关关系一般只能用数学表达式做近似描述而不是精确表示。

8. 答：（1）因变量 $y$ 的总变差反映的是各观察值与其平均数离差的平方和，即 $\sum(y-\bar{y})^2$；

（2）回归变差反映的是在 $y$ 的总变差中，由 $x$ 和 $y$ 的直线回归关系而引起的 $y$ 的变化部分，即 $\sum(\hat{y}-\bar{y})^2$；

（3）剩余变差反映的是除了 $x$ 对 $y$ 的直线回归关系影响之外的其他一切因素对 $y$ 的影响部分，即 $\sum(y-\hat{y})^2$ 。

9. 答：根据相关系数判别相关关系的方法如下：

（1）当 $|r|=1$ 时，$x$ 与 $y$ 的关系为完全相关（函数关系）。

（2）当 $0<|r|<1$ 时，表示 $x$ 与 $y$ 存在着一定的线性相关。$|r|$ 的数值越大，越接近于1，表示 $x$ 与 $y$ 直线相关程度越高，反之 $|r|$ 的数值越小，越接近于0，表示 $x$ 与 $y$ 直线相关程度越低。

（3）通常判别的具体标准是：① $|r|<0.3$ 为微弱相关；② $0.3<|r|<0.5$ 为低度相关；③ $0.5<|r|<0.8$ 为显著相关；④ $0.8<|r|<1$ 为高度相关。

（4）当 $|r|=0$ 时，表示 $x$ 与 $y$ 无关，即无线性相关。

（5）当 $|r|>0$ 时，表示 $x$ 与 $y$ 线性正相关；当 $|r|<0$ 时，表示 $x$ 与 $y$ 线性负相关。

**综合分析与计算**

1. 解：（1）$r=b\dfrac{\sigma_x}{\sigma_y}=0.2\times\dfrac{800}{\sqrt{40\,000}}=0.8$

（2）$a=\bar{y}-b\bar{x}=5\,200-0.2\times6\,800=3\,840$

支出对于收入的回归方程：$\hat{y}=3\,840+0.2x$

（3）$\hat{y}_{(x=7\,300)}=3\,840+0.2\times7\,300=5\,300$（元）

（4）收入每增加1元，支出平均增加0.2元

2. 解：（1）2020年财政收入预测值：$\hat{y}=27+2.5\times11=54.5$（亿元）

（2）2020年教科文卫支出预测值：$\hat{y}=-0.11+0.2\times54.5=10.79$（亿元）

3. 解：（1）
$$\begin{cases} b=\dfrac{n\sum xy-\sum x\sum y}{n\sum x^2-\left(\sum x\right)^2}=-1.81 \\ a=\dfrac{\sum y}{n}-b\dfrac{\sum x}{n}=77.31 \end{cases}$$

回归方程为：$\hat{y}=77.31-1.81x$

（2）每当产品产量增加1万件时，单位成本降低1.81元。

（3）
$$r=\frac{n\sum xy-\sum x\sum y}{\sqrt{n\sum x^2-\left(\sum x\right)^2}\sqrt{n\sum y^2-\left(\sum y\right)^2}}=-0.968\,9$$

（4）计算估计标准误差：

$$s_{yx}=\sqrt{\frac{\sum y^2-a\sum y-b\sum xy}{n-2}}=1.172\,6$$

（5）点估计：$\hat{y}=77.31-1.81\times 8=62.83$（元/件）

区间估计：下限 $=62.83-2\times 1.1726=60.48$（元/件）

上限 $=62.83+2\times 1.1726=65.18$（元/件）

4. 解：（1）
$$\begin{cases} b=\dfrac{(\sum f)(\sum xyf)-(\sum xf)(\sum yf)}{(\sum f)(\sum x^2 f)-(\sum xf)^2}=0.001\,607 \\ a=\dfrac{\sum yf}{\sum f}-b\dfrac{\sum xf}{\sum f}=-0.043\,9 \end{cases}$$

直线回归方程为：$\hat{y}=-0.0439+0.001607x$

（2）相关系数：

$$r=\frac{(\sum f)(\sum xyf)-(\sum xf)(\sum yf)}{\sqrt{(\sum f)(\sum x^2 f)-(\sum xf)^2}\sqrt{(\sum f)(\sum y^2 f)-(\sum yf)^2}}$$
$=0.8314$

5. 解：（1）$y$ 倚 $x$ 的简单直线回归方程：$\hat{y}=-4.8179+0.0344x$

$$\begin{cases} b=\dfrac{n\sum xy-\sum x\sum y}{n\sum x^2-(\sum x)^2}=0.034\,4 \\ a=\dfrac{\sum y}{n}-b\dfrac{\sum x}{n}=-4.817\,9 \end{cases}$$

（2）相关系数：$r=\dfrac{n\sum xy-\sum x\sum y}{\sqrt{n\sum x^2-(\sum x)^2}\sqrt{n\sum y^2-(\sum y)^2}}$

$=0.9340$

（3）估计标准误差：

$$s_{yx}=\sqrt{\frac{\sum y^2-a\sum y-b\sum xy}{n-2}}=0.939\,3$$

6. 解：（1）两者间关系基本上属于直线相关。

$$r=\frac{n\sum xy-\sum x\sum y}{\sqrt{n\sum x^2-(\sum x)^2}\sqrt{n\sum y^2-(\sum y)^2}}=0.999\,7$$

（2）回归方程：$\hat{y}=25.3129+0.7927x$

$$\begin{cases} b=\dfrac{n\sum xy-\sum x\sum y}{n\sum x^2-(\sum x)^2}=0.792\,7 \\ a=\dfrac{\sum y}{n}-b\dfrac{\sum x}{n}=25.312\,9 \end{cases}$$

（3）估计标准误差：$s_{yx}=\sqrt{\dfrac{\sum y^2-a\sum y-b\sum xy}{n-2}}$

$$=\sqrt{\frac{382\ 469-25.312\ 9\times1\ 929-0.792\ 7\times420\ 857}{10-2}}$$

$$=1.839\ 6$$

（4）$\hat{y}=25.312\ 9+0.792\ 7\times300=263.12$

7. 解：设学习时间为自变量 $x$，学习成绩为因变量 $y$，所需合计数如下：

$\sum x=40,\sum y=310,\sum xy=2\ 740,\sum x^2=370,\sum y^2=20\ 700$

（1）$\begin{cases} b=\dfrac{n\sum xy-\sum x\sum y}{n\sum x^2-(\sum x)^2}=5.2 \\ a=\dfrac{\sum y}{n}-b\dfrac{\sum x}{n}=20.4 \end{cases}$

回归直线方程：$\hat{y}=20.4+5.2x$

（2）$s_{yx}=\sqrt{\dfrac{\sum y^2-a\sum y-b\sum xy}{n-2}}=5.06$

（3）计算总误差平方和中回归误差所占的比重。（决定系数 $r^2$）

$\sum(y-\bar{y})^2=1\ 480,\sum(\hat{y}-\bar{y})^2=135\ 2$

$$r^2=\frac{\sum(\hat{y}-\bar{y})^2}{\sum(y-\bar{y})^2}=\frac{1\ 352}{1\ 480}=0.913\ 5$$

即总误差中有 91.35% 可以由回归方程来解释。

（4）计算相关系数：$r=\sqrt{r^2}=0.956$

8. 解：$b=\dfrac{\bar{y}-a}{\bar{x}}=\dfrac{11.3-1.757\ 5}{12.6}=0.757\ 3$

回归方程：$\hat{y}=1.757\ 5+0.757\ 3x$

相关系数：$r=\dfrac{\overline{xy}-\bar{x}\times\bar{y}}{\sqrt{(\overline{x^2}-\bar{x}^2)}\sqrt{(\overline{y^2}-\bar{y}^2)}}$

$$=\frac{146.5-12.6\times11.3}{\sqrt{(164.2-12.6^2)}\sqrt{(134.1-11.3^2)}}=0.697\ 7$$